ElementarMathematisches BasisInterview

für den Einsatz im Kindergarten

von

Andrea Peter-Koop und Meike Grüßing

Mildenberger

Bestell-Nr. 170-16 · ISBN 978-3-619-01716-4

www.mildenberger-verlag.de
E-Mail: info@mildenberger-verlag.de

Auflage 5 4 3 2
Jahr 2021 2020 2019 2018

Druck: Herter Druck GmbH, 79341 Kenzingen
Gedruckt auf umweltfreundlichen Papieren

Gliederung

1. Einführung

Bereits im Kindergartenalter entwickeln sich „entscheidende Vorläuferfähigkeiten für die späteren schulischen Lernprozesse" (Faust-Siehl 2001, 74). Dies gilt insbesondere auch für den Lernbereich Mathematik. In den Orientierungsplänen der verschiedenen Bundesländer für den Elementarbereich ist ein entsprechender vorschulischer Bildungsauftrag unterschiedlich explizit formuliert. Zu den zahlreichen Herausforderungen der Arbeit in der Kita gehört demnach die Umsetzung eines altersangemessenen mathematischen Bildungskonzepts. Erzieherinnen und Erzieher müssen sich diesbezüglich nicht nur mit relevanten Inhalten auseinandersetzen. Die Entwicklung von Vorläuferfähigkeiten für das schulische Mathematiklernen verlangt von ihnen auch die Beobachtung der Entwicklung des mathematischen Denkens von Kindern, den Einsatz mathematischer Diagnoseinstrumente in Ergänzung zu informellen Beobachtungsmethoden und – besonders wenn eine langsamere Entwicklung beobachtet wird – das Dokumentieren diagnostischer Befunde sowie die gezielte Förderung.

Mit dem *Elementarmathematischen Basisinterview für den Kindergarten (EMBI-KiGa)* liegt ein kindgerechtes Diagnoseinstrument sowie eine praxistaugliche Möglichkeit zur Begleitung und Dokumentation der mathematischen Lernentwicklung mit einem Schwerpunkt im Bereich Mengen und Zahlen vor, das bei *allen* Kindern im Alter zwischen 3 und 6 Jahren einer Tageseinrichtung einsetzbar ist. Es unterscheidet sich daher von bereits vorliegenden (Schuleingangs-) Instrumenten, die sich häufig an Kinder im Übergang vom Kindergarten zur Grundschule richten und auf die frühe Diagnose von zu erwartenden mathematischen Lernschwierigkeiten zielen.

Die vorliegende Fassung wurde speziell für den Einsatz im Elementarbereich konzipiert und ist anschlussfähig an die beiden schulischen Versionen zu den Inhaltsbereichen Zahlen und Operationen (Peter-Koop, Wollring, Spindeler & Grüßing 2007) sowie Größen und Messen, Raum und Form (Wollring, Peter-Koop, Becker, Haberzettl & Spindeler 2011), die sich schwerpunktmäßig an Kinder der Klassenstufen 1 und 2 richten. Somit wird die Zusammenarbeit von Kindergarten und Grundschule in der Phase des Übergangs unterstützt.

Das *Elementarmathematische Basisinterview* basiert auf einem in Australien entwickelten und dort seit Ende der 1990er Jahre erfolgreich in Grundschulen eingesetzten Interviewverfahren. Grundlage ist das *Early Numeracy Research Project*, in dessen Rahmen die Gesamtkonzeption sowie sämtliche Instrumente im Auftrag und mit finanzieller Unterstützung des *Ministry of Education* von einer Forschergruppe der *Monash University* und der *Australian Catholic University* in Melbourne entwickelt und erprobt wurden.

Zu der Zielsetzung des *Early Numeracy Research Project* gehörte auch die Entwicklung eines Interviewteils, der explizit am vorschulischen Bereich ausgerichtet ist. Handlungsleitend bei der Entwicklung waren zum einen die diesbezüglichen Bedürfnisse pädagogischer Fachkräfte und zum anderen die Umsetzung internationaler Forschungsergebnisse in Bezug auf das frühe Mathematiklernen.

Die vorliegende Fassung umfasst diesen *Vorschulteil* (V-Teil), der um den Bereich *Zählen* (Teil A des EMBI zu Zahlen und Operationen) ergänzt wurde, da die meisten Kinder schon vor dem Schulanfang über z.T. umfangreiche Zählfähigkeiten verfügen und Zählkompetenzen zudem einen erheblichen Teil der mathematischen Vorläuferfähigkeiten ausmachen. Bei Kindern mit besonders elaborierten vorschulischen mathematischen Kompetenzen bietet es sich ggf. in Zusammenarbeit mit der örtlichen Grundschule an, das vollständige Interview durchzuführen, um als Grundlage für die Förderung und ggf. weitere Entscheidungen auch die Entwicklung von Stellenwertverständnis und Rechenstrategien sowie geometrische Kompetenzen und Größenvorstellungen erfassen zu können.

In dem vorliegenden Handbuch finden Sie zum einen alle Informationen und Dokumente, die Sie für die Durchführung des *EMBI-KiGa* benötigen. Grundsätzlich lassen sich hierzu drei verschiedene Formen von Dokumenten unterscheiden:

- Erläuterungen zur Konzeption des Interviews und Hinweise zur Vorbereitung, Durchführung und Auswertung sowie zu verschiedenen Einsatzmöglichkeiten (siehe Kapitel 3 – 6),
- ein ausführlicher Interviewleitfaden (siehe 10.1) sowie eine Übersicht der für die Durchführung des Interviews erforderlichen Materialien (siehe 10.2),
- Kopiervorlagen zur Dokumentation der Antworten und Lösungen der Kinder (siehe 10.3) und zur Auswertung der Ergebnisse (siehe 10.4).

Zum anderen finden Sie eine zusammenfassende Darstellung des theoretischen Hintergrundes (siehe Kapitel 2), in dem besonders die Bedeutung von vorschulischen Mengen- und Zahlenkompetenzen für den späteren Schulerfolg im Fach Mathematik herausgearbeitet sowie Anregungen für die Förderung (siehe Kapitel 7) in Form von Fallstudien und gezielten Förderaktivitäten in einzelnen Bereichen entfaltet werden. Im Rahmen eines Ausblicks (siehe Kapitel 8) finden Sie zudem die Ausprägungsgrade zu sämtlichen schulbezogenen Interviewteilen zu den Bereichen „Zahlen und Operationen" sowie „Größen und Messen, Raum und Form". Ein Glossar, in dem einschlägige mathematische Fachbegriffe erläutert werden (siehe Kapitel 11), schließt dieses Handbuch ab.

Die für die Interviewdurchführung erforderlichen Materialien können ergänzend als separates Materialpaket bezogen werden. Ohne diese Begleitmaterialien kann das Interview nicht durchgeführt werden.

Wir empfehlen Ihnen, sich vor der ersten Durchführung mit der Gesamtkonzeption und den diesbezüglichen Instrumenten und Materialien vertraut zu machen. Bitte lesen Sie vor der ersten Durchführung unbedingt die Kapitel 3 – 5, um einen für Sie und das Kind entspannten und zügigen Interviewverlauf zu gewährleisten.

Nach einer mehrjährigen Erprobungsphase mit Kindern im Alter zwischen 3 und 6 Jahren aus über 30 Kindergärten sind wir zuversichtlich, dass Ihnen das EMBI bei der Erhebung und Dokumentation von mathematischen Vorläuferfähigkeiten sowie der individuellen Förderung ein hilfreicher Begleiter ist und Ihnen die erhobenen Befunde wichtige Impulse für vorschulische mathematische Aktivitäten in der Gruppe und in der Einzelförderung liefern.

Oldenburg im Juli 2010

Andrea Peter-Koop und Meike Grüßing

2. Theoretischer Hintergrund: Entwicklung von Zahlbegriff und Zählkompetenzen

Bevor im Folgenden die Konzeption des *Elementarmathematischen Basisinterviews – KiGa* vorgestellt wird, soll der Begriff Vorläuferfähigkeiten in Bezug auf das schulische Mathematiklernen geklärt werden. Der Begriff Vorläuferfähigkeiten wird in verschiedenen Kontexten unterschiedlich genutzt und auch z. T. heftig kritisiert. Aus Gründen der Kohärenz innerhalb der EMBI-Reihe verwenden wir ihn dennoch auch im *EMBI-KiGa*. Mit mathematischen Vorläuferfähigkeiten[1] werden im Folgenden die mathematischen Fähigkeiten beschrieben, die von den meisten Kindern bereits vor Schulanfang erworben werden und denen eine große Bedeutung für das schulische Mathematiklernen beigemessen wird. Die Forschung dazu bezieht sich im Wesentlichen auf den Bereich Mengen und Zahlen. Frühe geometrische Kompetenzen, die frühe Einsicht in Muster und Strukturen sowie auch das frühe Größen- und Messverständnis von Kindern sind in diesem Zusammenhang sicherlich auch bedeutsam. Allerdings liegen zu diesen Bereichen nur wenige belastbare Forschungsdaten vor. Zudem fokussiert der mathematische Anfangsunterricht der Grundschule i. W. auf die Entwicklung von Zahlbegriff und Operationsverständnis[2]. Da auch im *EMBI-KiGa* die Dokumentation der Zahlbegriffsentwicklung sowie die Entwicklung der Zählfertigkeiten einen großen Raum einnimmt, wird auch der theoretische Hintergrund schwerpunktmäßig zu diesen Bereichen vorgestellt. Dazu werden zunächst konkurrierende Theorien zur Entwicklung des Zahlbegriffs vorgestellt und kritisch evaluiert. Da aktuelle Studien darauf hinweisen, dass der Zählkompetenz im Rahmen der Zahlbegriffsentwicklung eine bedeutendere Rolle zukommt, als das lange angenommen wurde, wird der Erwerb von Zählfähigkeiten dabei besonders berücksichtigt. Des Weiteren wird ein aktuelles Entwicklungsmodell früher numerischer Kompetenzen vorgestellt, in dem zentrale Vorläuferfähigkeiten identifiziert werden. Den Abschluss bilden durchaus eindringliche und praxisrelevante Befunde zum Zusammenhang von Vorläuferfähigkeiten und späterem Schulerfolg. Die Ausführungen haben an dieser Stelle zusammenfassenden Charakter. Ziel ist es, einen Überblick der zentralen wissenschaftlichen Befunde und ihrer Implikationen für die Praxis zu liefern. Ausführlichere Darstellungen finden sich in Peter-Koop & Grüßing (2007a) sowie Krajewski, Grüßing & Peter-Koop (2009).

2.1 Piaget und seine Nachfolger

Jean Piaget, dessen Arbeiten neben den Beiträgen von Zoltan Dienes die Theorie und Praxis der mathematischen Frühförderung in den sechziger und siebziger Jahren (und darüber hinaus) entscheidend beeinflusst haben, ging davon aus, dass sich der Zahlbegriff auf der Grundlage von logisch formalen Operationen[3] entwickle (Piaget 1952) und dass Zählübungen keinen operativen Wert und somit keinen förderlichen Einfluss auf die Zahlbegriffsentwicklung hätten (Piaget & Inhelder 1975). Copeland (1974) ging sogar noch weiter und vertrat die Ansicht, dass es nicht nur nutzlos, sondern sogar schädlich sein könne, im Rahmen der mathematischen Frühförderung Zählfähigkeiten zu trainieren – eine Annahme, die allerdings eindeutig widerlegt werden konnte.

1 Der Begriff Vorläuferfähigkeiten soll an dieser Stelle keine künstliche Trennung des vorschulischen Lernens von Lernprozessen im Anfangsunterricht der Grundschule implizieren. Vielmehr wird Lernen als kontinuierlicher Prozess angesehen, bei dem auch der mathematischen Bildung im Kindergarten ihre eigene Bedeutung beigemessen wird.

2 Diesbezüglich soll Einsicht in die Operationen Addition und Multiplikation und ihre jeweiligen Umkehrungen Subtraktion und Division entwickelt werden. Von entwickeltem Operationsverständnis spricht man, wenn Kinder zu Zahlensätzen wie 3 + 5 oder 8 : 4 nicht nur die Lösung wissen, sondern sie auch in Form einer Sachsituation oder einer Zeichnung veranschaulichen können, bzw. Rechengeschichten oder zeichnerische Darstellungen von Aufgaben entsprechend formal deuten und berechnen können. Auch wenn viele Kinder bereits im Kindergartenalter Ansätze von Operationsvorstellungen entwickeln, ist das systematische Durcharbeiten von Operationen sicherlich Grundschulstoff, während sich erhebliche Teile der Zahlbegriffsentwicklung bereits vorschulisch vollziehen.

3 Zu den formalen Operationen zählt Piaget die vier Bereiche Vergleichen, Klassifizieren, Eins-zu-eins-Zuordnung und Seriation (siehe Glossar).

In einer Interventionsstudie konnte Clements (1984) zeigen, dass Vorschulkinder bezüglich ihrer Zahlbegriffsentwicklung deutlich von einem auf Zählfähigkeiten basierten Training profitieren konnten. In seiner Untersuchung wurden zwei Gruppen von Vierjährigen jeweils acht Wochen lang trainiert. Dabei wurden in einer Gruppe speziell logische Operationen wie Klassifikation und Seriation geübt, während in der anderen Gruppe vornehmlich Zählfertigkeiten trainiert wurden. Eine dritte Gruppe diente als Kontrollgruppe und wurde nicht speziell trainiert. Nach dem Training führten Clements und seine Mitarbeiter mit allen drei Gruppen zwei verschiedene Nachtests durch: einen Test zu Zählfähigkeiten und einen zu logischen Operationen. Da Gruppe 1 und Gruppe 2 in beiden Tests signifikant besser abschnitten als die nicht geförderte Kontrollgruppe, lässt sich ein Transfer beider Trainings festmachen. Ferner erzielten die Kinder der Gruppe 2, in der Zählfähigkeiten trainiert wurden, im entsprechenden Test deutlich bessere Ergebnisse als die Kinder der Gruppe 1, die in logischen Operationen trainiert wurden. Beim Test zu den logischen Operationen gab es interessanterweise jedoch keinen signifikanten Unterschied zwischen beiden Gruppen. Die Ergebnisse der Studie verweisen daher darauf, dass beim Training der Zählfertigkeiten die logischen Operationen offenbar implizit mittrainiert wurden.

Auch Ergebnisse der Säuglingsforschung stehen im Widerspruch zu Piagets Theorien. So konnte in den 1990er Jahren gezeigt werden, dass das menschliche Gehirn mit einem angeborenen Mechanismus für das Erfassen numerischer Größen ausgestattet ist (vgl. Dehaene 1999) und dass Säuglinge bereits Fähigkeiten in Bezug auf die Unterscheidung von Mengen, das Erkennen von Mengenveränderungen sowie zum Schätzen von Mengen zeigen. Entsprechend folgert Elsbeth Stern (1998, 64):

> *Die Annahme von Piaget, dass der Mensch als numerisches Tabula-Rasa-Wesen geboren wird und dass numerische Kompetenzen als Folge der Entwicklung inhaltsunspezifischer Repräsentationsmechanismen entstehen, kann als widerlegt gelten.*

Bereits seit Ende der 1970er Jahre wird in wissenschaftlichen Arbeiten zur Zahlbegriffsentwicklung ausdrücklich die Bedeutung früher Zählfähigkeiten betont. Aufgrund der Beobachtung, dass auch junge Kinder bereits über Einsichten und Fertigkeiten in Bezug auf Zahlen verfügen, unterstreichen Vertreter dieses Ansatzes die Bedeutung des Zählens, der Simultanerfassung (Subitizing) und des Vergleichens bei der Entwicklung des Zahlbegriffs und betonen ihre gezielte Thematisierung in der frühen mathematischen Bildung und Erziehung.

Darüber hinaus spielt für die Entwicklung mathematischen Verständnisses offenbar auch das mengenbezogene Vorwissen, d.h. das Verständnis für Mengen und Mengenrelationen, eine wichtige Rolle, das sich zunächst unabhängig von der Zählprozedur entwickelt. Laut Resnick (1989) entwickeln Kinder in Bezug auf Mengen zunächst „protoquantitative Schemata", die mit dem Erwerb der Sprache einsetzen und aus unpräzisen Begriffen für Mengen entstehen (z.B. viel, wenig). Dabei entwickelt sich die Fähigkeit Mengen zu vergleichen in drei Stufen. Zunächst nehmen Kinder Vergleiche mit den Begriffen wie „mehr" und „weniger" vor, während sie später auch feststellen können, ob eine Menge sich verändert hat oder gleich geblieben ist. Anschließend entwickeln sie mit dem Teil-Ganzes-Schema das Verständnis für das Zerlegen und das Zusammensetzen von Mengen. Resnick (1989) betont, dass Zählfertigkeiten und die protoquantitativen Mengenkonzepte verknüpft werden müssen, um grundlegende mathematische Prinzipien erwerben zu können. Krajewski (2008) bringt die Entwicklungen der beiden Bereiche in einem „Entwicklungsmodell früher mathematischer Kompetenzen" zusammen. Bevor dieses Modell in Abschnitt 2.3 genauer vorgestellt und erläutert wird, soll jedoch zunächst die Entwicklung von Zählkompetenz aufgezeigt werden.

2.2 Entwicklung von Zählkompetenz

Der komplexe Prozess der Entwicklung von Zählkompetenz besteht im Wesentlichen aus einem Zusammenspiel der Kenntnis der Zahlwortreihe, dem Abzählen im Sinne einer Eins-zu-eins-Zuordnung von Objekt und Zahlwort sowie dem Verständnis verschiedener Zahlaspekte. Gelman und Gallistel (1978) haben insgesamt fünf Prinzipien identifiziert, von denen die ersten drei (Eindeutigkeitsprinzip, Prinzip der stabilen Ordnung und Kardinalzahlprinzip) sich darauf beziehen, wie gezählt wird. Diese drei Prinzipien werden auch bei den Items zur Entwicklung des Zählens im Interview berücksichtigt.

1. Das *Eindeutigkeitsprinzip* besagt, dass jedem der zu zählenden Gegenstände genau ein Zahlwort zugeordnet werden darf. Eine Hilfe ist hierbei das Antippen oder Weglegen der bereits gezählten Objekte.

   Wenn ein Kind in seinem Zählprozess das Eindeutigkeitsprinzip (noch) nicht berücksichtigt, werden die zu zählenden Gegenstände z.T. doppelt angetippt und damit doppelt gezählt oder es werden auch Gegenstände übersprungen und somit nicht gezählt. Eine genaue Anzahlbestimmung ist bei diesem Vorgehen nicht möglich.

2. Gemäß dem *Prinzip der stabilen Ordnung* muss erkannt werden, dass die Liste der Zahlworte eine feste Reihenfolge hat, d.h. die Abfolge der Zählzahlen muss stets die Gleiche sein.

   Gerade in den frühen Phasen der Entwicklung von Zählkompetenz ist noch zu beobachten, dass Kinder einzelne Zahlwörter beim Zählen noch ganz auslassen (z.B. eins, zwei, drei, fünf) oder Unsicherheiten bezüglich der Reihenfolge zeigen (z.B. eins, drei, zwei).

3. Nach dem *Kardinalzahlprinzip* gibt die zuletzt benutzte Zahl im Abzählprozess die Anzahl der Elemente (d.h. die Mächtigkeit) der abgezählten Menge an – sonst wären keine Vergleiche der Anzahlen möglich.

Die beiden letztgenannten Zählprinzipien hingegen sind übergeordnete Prinzipien, die besagen, was gezählt werden kann.

4. Nach dem *Abstraktionsprinzip* können alle beliebigen Elemente – gleichgültig, welche Merkmale sie haben – zu einer Menge von „Zähldingen" zusammengefasst und gezählt werden (*Abstraktionsprinzip*).

   Die Kinder erkennen, dass man eine Menge bestehend aus einem Apfel, einer Banane, einer Kiwi und einer Birne genauso zählen kann wie eine Menge von vier Äpfeln.

5. Das *Prinzip von der Irrelevanz der Anordnung* besagt, dass die Reihenfolge, in der Elemente einer Menge gezählt werden, für das Zählergebnis irrelevant sind, da die Zahlworte nicht Eigenschaft der Zählobjekte sind.

   Um bei dem Beispiel von oben zu bleiben, ist es für Kinder eine wichtige Erkenntnis, dass es egal ist, ob sie zuerst den Apfel, dann die Banane, dann die Kiwi und zum Schluss die Birne zählen oder ob sie umgekehrt vorgehen und z.B. zuerst die Birne, dann die Kiwi, dann die Banane und zuletzt den Apfel zählen.

Es kann als gesichert gelten, dass Kinder im Alter von dreieinhalb Jahren in gewissem Umfang bereits über die ersten drei Zählprinzipien verfügen, selbst dann, wenn sie die Zahlwortreihe noch nicht sicher beherrschen (Hasemann 2009, 5).

Beobachtungen bei jüngeren Kindern zeigen nach Hasemann (ebd.) jedoch, „dass es bei der Umsetzung dieser Prinzipien in realen Situationen und in Abhängigkeit vom Zahlenraum große individuelle Unterschiede gibt". So fällt manchen Kindern das konkrete Abzählen mit Material leichter als das auf einem rein mentalen Prozess beruhende Aufsagen der Zahlwortreihe.

Karen Fuson (1988) geht ferner davon aus, dass die Gelegenheiten und Aktivitäten, die Kindern zum Erlernen und Erproben der Zahlwortreihe geboten werden, den Zahlbegriffserwerb wesentlich beeinflussen. Für sie ist die Zählentwicklung an den Erwerb der Zahlwortreihe geknüpft. In einem diesbezüglichen Modell der Zahlbegriffsentwicklung unterscheidet sie fünf aufeinanderfolgende Niveaus:

Das erste Niveau besteht in der *Ganzheitsauffassung der Zahlwortreihe (string level)*; eine (kurze) Sequenz der Zahlwortreihe wird in einem undifferenzierbaren Wortganzen („einszweidreivierfünfsechssiebenacht") wie ein Gedicht aufgesagt. Mit einzelnen Zahlworten wird noch keine Bedeutung verbunden. Eine Eins-zu-eins-Zuordnung von Zahlwort und Objekt wird erst auf der nächsten Stufe der *unflexiblen Zahlwortreihe (unbreakable list level)* möglich. Jedem zu zählenden Objekt wird hier bereits eindeutig ein Zahlwort zugeordnet. Mit der unflexiblen Zahlwortreihe ist nach Fuson und Hall (1983) auch die beginnende Entwicklung des kardinalen Verständnisses (s. o.) verknüpft. Zunächst auf einer mechanischen Ebene und schließlich auch auf Verständnis beruhend beantworten Kinder die Frage „Wie viele?" mit der Nennung des letzten Zahlwortes, das die Mächtigkeit der Menge beschreibt. Im Gegensatz zur Ganzheitsauffassung der Zahlwortreihe können die Kinder nun einzelne Zahlworte klar voneinander abgrenzen. Dennoch wird die Zahlwortreihe als Einheit empfunden, die immer mit der Startzahl eins beginnen muss. Erst im Alter von etwa vier Jahren erreichen Kinder das nächste Niveau – die *teilweise flexible Zahlwortreihe (breakable chain level)* – und können auch von verschiedenen Startzahlen aus mit dem Zählen beginnen. Mit dem Erreichen dieses dritten Niveaus sind sie auch in der Lage, Vorgänger und Nachfolger einer Zahl sowie Zahlen zwischen zwei genannten Zahlen anzugeben. Auf der folgenden vierten Stufe der *flexiblen Zahlwortreihe (numerable chain level)* wird jedes Zahlwort als Einheit betrachtet, sodass von jeder Zahl aus eine bestimmte Anzahl Schritte weitergezählt werden kann, z. B. von 11 aus fünf Schritte vorwärts. Damit wird die Zahlwortreihe zählbar. Jede Teilkette wird als numerische Situation wahrgenommen, die gezählt und verglichen werden kann. Durch Weiterzählen, beispielsweise mit Hilfe der Finger, wird nun zählendes Rechnen möglich. Auf der fünften und letzten Ebene *(bidirectional chain level)* ist dann die vollständig *reversible Zahlwortreihe* verfügbar, d. h. von beliebigen Zahlen aus kann sowohl vorwärts als auch rückwärts gezählt und flexibel zählend gerechnet werden.

Im Vergleich beider Ansätze zum Erwerb des Zählens sprechen einige Befunde dafür, dass beim Aufbau der Zählkompetenz zunächst der sprachliche Erwerb der Zahlwortreihe im Vordergrund steht, aus der sich schließlich auch der Ordinalzahlaspekt (siehe Glossar) entwickelt. Schon Brainerd (1979) stellte fest, dass sich das Verständnis von Ordinalität vor dem Konzept der Kardinalität entwickelt. Auch Krajewski (2008) geht in einem aktuellen Entwicklungsmodell (siehe 2.3) davon aus, dass Kinder zunächst die ordinale Funktion der Zahlenfolge nutzen, um Elemente in eine Reihenfolge zu bringen, bevor sie später mit dem präzisen Anzahlkonzept das Kardinalzahlverständnis (siehe Glossar) erwerben.

Den Theorien von Gelman und Gallistel (1978) und Fuson (1988) ist gemeinsam, dass sie dem Zählen eine bedeutende Rolle im Rahmen des Zahlbegriffserwerbs beimessen und sich somit von Piagets diesbezüglichen Theorien deutlich absetzen. Wie bereits Resnick (1989) herausstellte, scheint jedoch gerade in der Verknüpfung von Zählsequenz und logischen Operationen (siehe 2.1) mit Mengen, wie etwa bei der Invarianz bzw. der Zu- und Abnahme numerisch noch unbestimmter Mengen, das Fundament der kindlichen Zahlbegriffsentwicklung zu liegen.

2.3 Entwicklungsmodell früher numerischer Kompetenzen

Das im Folgenden dargestellte Entwicklungsmodell früher numerischer Kompetenzen von Krajewski (2008) ist eine Weiterentwicklung der Arbeit von Resnick (1989) und beschreibt, wie sich die Verknüpfung von Zählkompetenzen mit dem Verständnis für Mengen und Mengenoperationen vollzieht und wie Mengen-Zahlen-Kompetenzen über drei Ebenen erworben werden.

Im Zentrum der ersten Ebene steht die *Ausbildung numerischer Basisfähigkeiten*. Fähigkeiten im Umgang mit Mengen und Zahlen sind noch isoliert voneinander. Von Geburt an können Kinder zwischen Mengen unscharf unterscheiden, d. h. sie können Mengenunterschiede anhand der Ausdehnung und Fläche erkennen. Zahlen werden allerdings noch nicht mit Mengen in Verbindung gebracht, selbst wenn Kinder im Alter ab ca. zwei Jahren mit dem Aufsagen der Zahlwortreihe beginnen. Erst im Alter von etwa drei bis vier Jahren beginnen Kinder damit, Zahlworte mit Mengen zu verbinden. Sie entwickeln eine *Mengenbewusstheit von Zahlen* und erkennen, dass Zahlen für Mengen bzw. Anzahlen stehen. Dabei werden in einer ersten Phase die Zahlworte zunächst groben Mengenkategorien wie „wenig" (eins, zwei oder drei), „viel" (acht oder zwanzig) oder „sehr viel" (hundert oder tausend) zugeordnet.

Erst in einer zweiten Phase *(präzises Anzahlkonzept)* können nahe beieinander liegende Zahlen wie sieben und acht unterschieden werden, denn Zahlworte werden nun diskreten[4] Mengen durch punktuelle Zuordnung exakt zugeordnet. Ferner entwickelt sich im Rahmen der zweiten Kompetenzebenen auch das Verständnis für Mengen weiter, indem Kinder erkennen, dass sich Mengen nur verändern, wenn etwas hinzugefügt oder weggenommen wird (Mengeninvarianz).

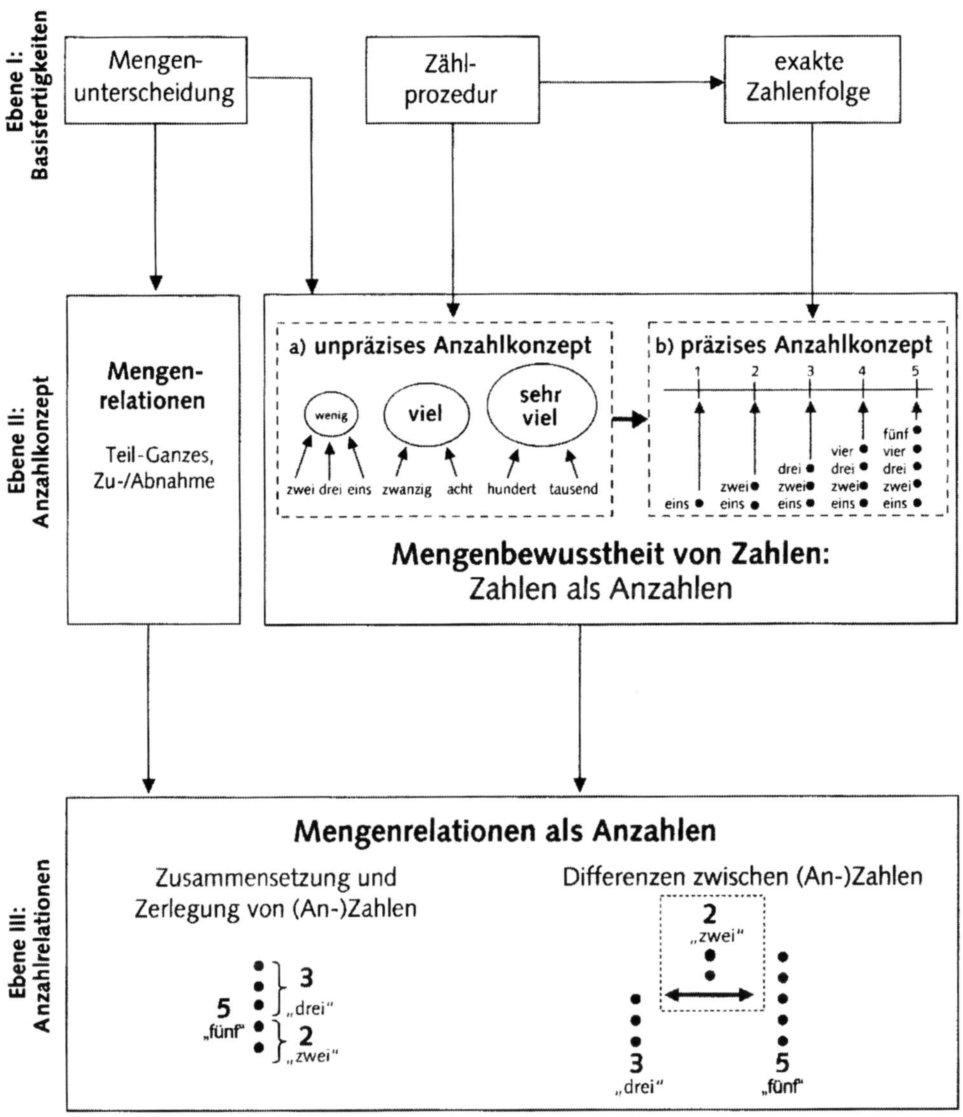

Abb. 1: Entwicklungsmodell früher numerischer Kompetenzen nach Krajewski (2008)

Im Rahmen der dritten Kompetenzebene entwickelt sich dann das *Verständnis für Beziehungen zwischen Zahlen*, d.h. Kinder verstehen nun Teil-Ganzes-Beziehungen, indem das Verständnis für Mengenrelationen, das in der zweiten Ebene noch keinen Zahlbezug aufwies, mit dem Verständnis von Zahlen als Anzahlen verknüpft wird. Die sich bis zum Schulanfang entwickelnden Mengen-Zahlen-Kompetenzen bilden eine Grundlage für das Verständnis der Schulmathematik. Dabei spiegeln die Kompetenzen der dritten Ebene bereits erste Rechenfertigkeiten und damit den Beginn arithmetischen Verständnisses wider. Die beiden ersten Kompetenzebenen können hingegen nach Krajewski als sogenannte *mathematische Vorläuferfähigkeiten* betrachtet werden.

4 Diskrete Mengen sind abzählbare Mengen, wie z.B. die Stücke Obst in einer Schale. Die einzelnen Sandkörner eines Eimers mit Sand lassen sich hingegen nicht einzeln abzählen.

Dem Stand der Entwicklung dieser Vorläuferfähigkeiten für das schulische Mathematiklernen kommt im Übergang vom Kindergarten zur Grundschule eine entscheidende Rolle in Bezug auf einen gelingenden Schulanfang im Fach Mathematik zu, wie die Ausführungen im folgenden Abschnitt verdeutlichen.

2.4 Zur Bedeutung vorschulischer Diagnostik und Förderung

Die Bedeutung der Entwicklung mathematischer Vorläuferfähigkeiten vor Schulbeginn wird durch empirische Studien eindrucksvoll belegt. In einer Längsschnittstudie im Kontext der Früherkennung von Rechenstörungen, in der die mathematische Entwicklung von Kindergartenkindern ein halbes Jahr vor Schuleintritt bis zum Ende des vierten Schuljahres untersucht wurde, konnte Krajewski (2005) einen hohen Zusammenhang zwischen mengen- und zahlenbezogenem Vorwissen und den Mathematikleistungen bis zum Ende der Grundschulzeit zeigen. Ein erheblicher Teil der Mathematikleistung am Ende des zweiten sowie auch des vierten Schuljahres lässt sich demnach durch die Kenntnis von und das Wissen über Zahlen sowie Zählfertigkeiten und frühe Rechenfertigkeiten bereits im letzten Kindergartenjahr vorhersagen.

Auch die Befunde einer finnischen Längsschnittstudie (Aunola, Leskinen, Lerkkanen & Nurmi 2004) belegen, dass sich die Probleme schulisch schwacher Rechner bereits vor Einschulung in schwachen Mengen-Zahlen-Kompetenzen zeigen. Darüber hinaus indizieren die finnischen Befunde einen Kumulationseffekt dieser Defizite im Vorschulalter. So zeigte sich, dass Kinder, die zu Beginn des letzten Kindergartenjahres nur über ein schwaches mengen- und zahlenbezogenes Vorwissen verfügten, eine deutlich langsamere mathematische Entwicklung vollzogen als Kinder mit besseren Zahlen-Mengen-Kompetenzen.

Um hier einen Ausgleich zu schaffen und möglichst allen Kindern gute Grundlagen für den Schulbeginn zu ermöglichen (ein frühes Scheitern einiger Kinder scheint sonst vorprogrammiert), ergibt sich unmittelbar die Notwendigkeit einer frühen Intervention im Sinne spezieller Förderangebote für Kinder, die zu Beginn des letzten Kindergartenjahrs schwache Kompetenzen in Bezug auf Zahlen und Mengen zeigen. In einer dreijährigen Längsschnittstudie, in der rund 1000 Kindergartenkinder ein Jahr vor der Einschulung hinsichtlich ihrer mathematischen Vorläuferkompetenzen untersucht worden waren, konnten Peter-Koop, Grüßing und Schmitman gen. Pothmann (2008) zeigen, dass die (u. a. mit Hilfe des EMBI) identifizierten 73 potenziellen Risikokinder in Bezug auf das schulische Mathematiklernen deutlich von einer gezielten Förderung ihrer mathematischen Vorläuferfähigkeiten in der verbleibenden Zeit im Kindergarten profitieren konnten und so der Abstand zu den Kindern mit gut entwickelten Vorläuferfähigkeiten beim Schuleintritt erheblich verkleinert werden konnte. Inhaltlich zeigten sich die Leistungssteigerungen i. W. in Bezug auf mengen- und zahlenbezogenes Wissen, d. h. in genau den Bereichen, die als Prädiktoren für spätere schulische Leistungen gelten (s. o.). Diese Verbesserungen zeigt sich für über die Hälfte der Kinder auch am Ende von Klasse 1 als nachhaltig (Grüßing & Peter-Koop 2008). Zwei Befunde sind dabei besonders interessant. Es lassen sich keine Unterschiede zwischen einer Einzelförderung durch speziell ausgebildete „Experten" und der Förderung in der Gruppe durch eine entsprechend mathematikdidaktisch (weiter-)qualifizierte Erzieherin feststellen. Eine Förderung im Kindergarten ist demnach auch „in der Fläche" verhältnismäßig leicht möglich, um für alle Kinder einen möglichst guten Schulstart zu gewährleisten. Darüber hinaus konnte gezeigt werden, dass Kinder mit Migrationshintergrund in der Risikogruppe offenbar nicht nur überproportional vertreten sind, sondern anscheinend auch besonders von einer frühen Förderung im Kindergarten profitieren. Es scheint demnach sinnvoll, parallel zu den vorschulischen Sprachstandserhebungen auch ein Screening in Bezug auf die Entwicklung mathematischer Vorläuferfähigkeiten durchzuführen, um diese Kinder identifizieren und entsprechend fördern zu können. Ein geeignetes Verfahren scheint in diesem Zusammenhang der EMBI V-Teil zu sein, denn er leistet eine gute Differenzierung im unteren Leistungsbereich, ermöglicht materialgestützte Artikulationsformen, erfordert keine besondere Schulung hinsichtlich der Durchführung und Auswertung und kann von einer Erzieherin (oder einer Lehrerin) in 10–15 Minuten pro Kind durchgeführt werden.

3. Konzeptionelle Grundlagen des EMBI

Wie in der Einführung erwähnt, basiert das Elementarmathematische Basisinterview auf einem in Australien entwickelten und umfangreich erprobten und evaluierten Interviewverfahren. Dabei unterscheidet sich das australische Original wie auch das EMBI von anderen bekannten Verfahren der mathematischen Lernstandsbestimmung durch einige zentrale und innovative konzeptionelle Elemente. Diese umfassen

- die differenzierte Erhebung mathematischer Leistung zu verschiedenen mathematischen Inhalten (siehe dazu auch Kapitel 8),
- die Erfassung von mathematischen Vorläuferfähigkeiten in Form eines speziell für Kindergarten- und Vorschulkinder entwickelten Interviewteils,
- eine materialgestützte Interviewführung,
- klar definierte Abbruchkriterien, um eine Demotivierung bzw. Überforderung zu vermeiden sowie
- die Beschreibung der sich entwickelnden mathematischen Fähigkeiten von Kindern in Form von Ausprägungsgraden

und sollen im Folgenden zum besserem Verständnis der Gesamtkonzeption und ihrer besonderen Erkenntnischancen für pädagogisches Fachpersonal in Kindertagesstätten ausführlich erläutert werden.

3.1 Mathematische Inhalte des Interviews

Das Elementarmathematische Basisinterview wurde in den letzten Jahren umfassend erprobt. Insbesondere wurde es in der in Abschnitt 2.4 bereits genannten Längsschnittstudie zur vorschulischen Identifizierung und Förderung von potenziellen Risikokindern in Bezug auf das Mathematiklernen (siehe Grüßing & Peter-Koop 2008 sowie Peter-Koop et al. 2008) eingesetzt. Aus dieser Studie liegen bezogen auf den V-Teil (Vorläuferfähigkeiten) und den A-Teil (Zählen) umfangreiche Ergebnisse von Kindern im letzten Kindergartenjahr vor. Es zeigte sich, dass viele Kinder im Alter von fünf oder sechs Jahren die Aufgaben des V-Teils bereits zu einem großen Teil lösen konnten. In jeder Altersgruppe wird jedoch auch eine große Heterogenität deutlich. Insbesondere im unteren Leistungsbereich differenziert das Interview gut und erlaubt daher gerade bei Kindern mit einer weniger weit fortgeschrittenen mathematischen Kompetenzentwicklung detaillierte Aussagen über ihren Lernstand und über möglichen Förderbedarf. Darüber hinaus wurde der Vorschulteil von Marijke Enstipp und Tim Remmerssen auch mit drei- und vierjährigen Kindern erprobt.

Im Folgenden sollen die Aufgaben des Elementarmathematischen Basisinterviews für den Kindergarten vorgestellt werden. Dabei werden die genauen Anforderungen vor dem Hintergrund der im vorherigen Kapitel dargestellten Theorie erläutert sowie einige Hinweise zu einer alterstypischen Entwicklung dargestellt, die eine bessere Reflexion der Ergebnisse ermöglichen sollen. Diese Ergebnisse sollen anschließend in der Entwicklung von Förderplänen ihre Fortsetzung finden. Dazu werden in Kapitel 7 zu den im folgenden dargestellten Inhalten konkrete Fördervorschläge entfaltet und die Entwicklung von Förderplänen auf Basis der gewonnenen diagnostischen Informationen anhand von einigen Beispielen illustriert.

Wir empfehlen Ihnen, zu den folgenden Ausführungen den Interviewleitfaden (siehe 10.1) heranzuziehen, aus dem jeweils die genauen Aufgabenstellungen und das einzusetzende Material hervorgehen.

V 1: Umgang mit Mengen (Mengen vergleichen, einfache Zählaufgaben, Mengeninvarianz)

Mit Hilfe der fünf Aufgaben im Teil V1 soll überprüft werden, ob es dem Kind gelingt, nach Farben zu sortieren, kleine Mengen auszuzählen, beim Vergleich zweier Mengen zu bestimmen, welche Menge mehr/weniger Elemente enthält sowie eine Fünfermenge zu bilden und die Konstanz der Anzahl der Elemente unabhängig von ihrer Lage und Ausdehnung zu erkennen (Invarianz). Während beim Vergleich zweier Mengen noch nicht unbedingt Zahlen mit diesen Mengen in Verbindung gebracht werden müssen, ist bei den folgenden Aufgaben, die sich auf die Anzahlbestimmung und das Darstellen von kleinen Mengen beziehen, bereits ein präzises Anzahlkonzept erforderlich. Der Wert von Aufgaben zum Konzept der Mengeninvarianz wird in der Literatur kontrovers diskutiert. Verschiedene Studien zeigen, dass die Ergebnisse zum Teil auch auf die Interaktion mit der interviewenden Person zurückzuführen sind. Einige Kinder vermuteten hinter der erneuten Frage, nachdem die Anordnung der Menge verändert wurde, einen Trick. Um diese Effekte im *EMBI-Kiga* zu umgehen, werden die Kinder aufgefordert, die Anordnung der Menge selbst zu verändern.

Die Ergebnisse der Erprobungen zeigen, dass die meisten Fünfjährigen kleine Mengen in Bezug auf mehr/weniger vergleichen können. Es ist allerdings bisher unklar, ob es für jüngere Kinder leichter ist, kleine Mengen auszuzählen, um die Frage „wo sind mehr?“ zu beantworten oder ob die Eins-zu-eins-Zuordnung einfacher ist. Daher wird hier nicht explizit die eine oder die andere Strategie gefordert.

Die meisten der befragten Fünfjährigen waren zudem in der Lage, Farben zu erkennen und kleine Mengen darzustellen und zu zählen. Zu verstehen, dass sich die Anzahl der Elemente einer Menge nicht verändert, wenn die Lage der Elemente verändert wird, ist offenbar für einige Vorschulkinder noch mit Problemen verbunden. Rund ein Fünftel der Kinder konnte diese Teilaufgabe ein Jahr vor Schulbeginn noch nicht lösen und dieser Anteil veränderte sich bis unmittelbar vor Schulbeginn auch nicht wesentlich.

Zugleich war bei dieser Aufgabe auch das Verständnis von Eindeutigkeits- und Kardinalzahlprinzip gefordert, denn die Kinder müssen die richtige Anzahl abzählen, anstatt einfach alle blauen Bären herauszusuchen.

V2: Raum-Lage-Bezeichnungen

Vornehmlich auf Wunsch der an der Studie beteiligten australischen Lehrerinnen wurde eine Aufgabe zur Bezeichnung von Raum-Lage-Beziehungen aufgenommen. Das Verständnis diesbezüglicher Begriffe gilt als wichtiger Indikator für die Entwicklung von Raumvorstellung, die auch für die Orientierung im Zahlenraum bedeutsam und darüber hinaus eng mit der sprachlichen Entwicklung verbunden ist.

Diese Aufgabe bereitet den meisten Kindern wenige Schwierigkeiten. In den Erprobungen des Interviews konnte über die Hälfte der Dreijährigen diese Aufgabe lösen. Ein Jahr vor der Einschulung wurde diese Aufgabe bereits von ca. 90 % der Kinder richtig bearbeitet. Ein kritischer Faktor bei der Lösung dieses Items ist jedoch offenbar der Migrationshintergrund. Betrachtet man Leistungsunterschiede zwischen Kindern mit und ohne Migrationshintergrund, so ergibt sich bei diesem Item bei Kindern ein Jahr vor Einschulung eine deutliche Leistungsdifferenz[5]. Die im Durchschnitt geringeren Kenntnisse der Kinder mit Migrationshintergrund bezüglich der Bezeichnungen für Raum-Lage-Beziehungen lassen sich vermutlich durch die komplexen Wechselwirkungen zwischen Erst- und Zweitsprache der Kinder erklären. Es ist allerdings zu betonen, dass gerade die Kenntnis und das genaue mathematische Verständnis der Präpositionen für Raum-Lage-Beziehungen ein wichtiges Element der Zahlbegriffsentwicklung darstellen. Hier kann es durchaus zu Schwierigkeiten kommen. Fragt man z. B. ein Kind nach der Zahl vor 3 und dieses Kind stellt sich vor, es steht auf einer Zahlenstraße aus Teppichfliesen auf der Zahl 3, dann liegt vor ihm die Zahl 4 und nicht die 2, nach der hier eigentlich gefragt wurde (siehe auch die Ausführungen zur Förderung in Kap. 7. 2). Auch beim Umgang mit weiteren Veranschaulichungs-

---

[5] Diese zeigt sich übrigens auch bei den Items zum simultanen Erfassen (V5), zur Zahl-Mengen-Zuordnung (V6), Anordnung der Zahlsymbole (V7) und zur Bestimmung von Vorgänger/Nachfolger (V8).

mitteln im Anfangsunterricht wie dem Zwanziger- oder Hunderterfeld im Mathematikunterricht der Grundschule ist das eindeutige Verständnis von Raum-Lage-Bezeichnungen Voraussetzung für die Arbeit mit diesen Materialien.

V3: Umgang mit Mustern (Muster erkennen und fortsetzen)

Mathematik wird vielfach beschrieben als die Wissenschaft von Mustern (vgl. z.B. Devlin 1998). Es besteht allgemein Konsens darüber, dass der Umgang mit Mustern und Strukturen eine wichtige Voraussetzung für mathematisches Denken darstellt. Entsprechend finden sich in zahlreichen Curricula, Testverfahren und auch in der Praxis von Kindergärten und Vorschulklassen Aufgabenstellungen zum Nachlegen oder Fortsetzen von Mustern. Während jedoch der Zusammenhang von zahlen- und mengenbezogenem Vorwissen und der späteren Mathematikleistung im Rahmen von Längsschnittstudien belegt werden konnte (z.B. Aunola et al. 2004, Krajewski 2003), fehlen bislang noch weitgehend Studien zur Bedeutung von Vorläuferfähigkeiten im Bereich Muster/Strukturen. Auch der Zusammenhang zwischen vorschulischen Aktivitäten zur Musterbildung und der Entwicklung arithmetischen, geometrischen und auch (frühen) algebraischen Denkens ist bislang noch unklar.

Es besteht daher gegenwärtig keine Einigkeit in Bezug auf die Frage, welche Aspekte des Umgangs mit Mustern und Strukturen in der frühen mathematischen Bildung Berücksichtigung finden sollten. Hierzu ergeben sich u.a. folgende Fragen: Wie viel von dem, was gegenwärtig international in den entsprechenden Curricula und in der Praxis von Kindergärten und Vorschulen verankert ist, beruht weniger auf empirischen Befunden als auf Traditionen? Welche Arten von kindlichen Denkprozessen werden bei der Bildung von Mustern evident? Wodurch wird ein Muster für ein Kind komplex? Besteht ein Zusammenhang zwischen der Fähigkeit zur Mustererkennung und zahlen- und mengenbezogenen Fähigkeiten?

Zusammenfassend lässt sich noch ein erheblicher Forschungsbedarf insbesondere in Bezug auf die Entwicklungsverläufe von Kompetenzen im Bereich Muster und Strukturen feststellen. Gleichzeitig besteht jedoch Einigkeit darüber, dass Muster als ein zentraler Aspekt der Mathematik angesehen werden können. Darüber hinaus liegt neben einigen empirischen Befunden zum Umgang von Kindern mit verschiedenen Mustern auch ein erhebliches Erfahrungswissen zu diesem Thema vor. Daher sind auch im EMBI Aufgabenstellungen zum Bereich Muster enthalten. Die für den V-Teil ausgewählten Items betreffen das Nachlegen, Fortsetzen und Erklären von einfachen Mustern. Aus Zeitgründen wurde darauf verzichtet, die Kinder eigene Muster legen und beschreiben zu lassen. Während die Angabe der Farben für die meisten Fünfjährigen in der Erprobung kein Problem war und knapp 90% der Kinder das gegebene Muster direkt nach der Vorlage nachlegen konnten, gelang noch ungefähr der Hälfte der Kinder die Fortsetzung bzw. die verbale Beschreibung des Musters. Auch den Drei- und Vierjährigen gelang die Benennung der Farben. Das Nachlegen und insbesondere das Fortsetzen und Beschreiben des Musters war für die meisten drei- und vierjährigen Kinder jedoch noch sehr schwierig.

V4: Ordinalzahlen

Im Rahmen des Interviews wird das gelegte Muster anschließend genutzt, um die Kenntnis von Ordinalzahlen zu überprüfen. Die Kinder sollen hier die Rangplätze zweier Bären in einer Reihe kennen und auf den dritten bzw. den fünften Bären zeigen sowie seine Farbe nennen. Angesichts der hohen Erfolgsrate bei der Farbzuweisung (94% ein Jahr vor der Einschulung und 99% unmittelbar vor der Einschulung) ist auszuschließen, dass sich bei dieser Aufgabe die Verwendung der Farben nachteilig auf die Lösungshäufigkeit ausgewirkt hat.

Man könnte vermuten, dass jüngere Kinder vor Schuleintritt nur wenig informelle Erfahrungen im Umgang mit Ordinalzahlen haben und dass es sich hierbei wohl eher um schulische Aufgabenformate handelt. Dem widersprechen aber die vergleichsweise hohen Werte der befragten Kinder ein Jahr vor Einschulung. Hier konnten bereits rund drei Viertel der Kinder den dritten und 65% auch den fünften Teddy in einer Reihe zeigen. Es ist also zu vermuten, dass der Gebrauch von Ordinalzahlen vielen Kindern aus dem Kindergarten und/oder Elternhaus bereits vor Schulanfang geläufig ist.

Die Annahme von Fuson und Hall (1983), dass sich das Verständnis für die Ordinalzahlreihe später entwickelt als das für die Zahlwortreihe, bestätigt sich in unseren Erfahrungen, da die Anzahl der richtigen Antworten zu den Ordinalzahlen deutlich unter denen zum Kardinalzahlaspekt (vgl. V1) liegt. Insbesondere in der Gruppe der jüngeren Kinder konnten in den Erprobungen einige Kinder nur den dritten Bären zeigen, den fünften jedoch noch nicht. Ein Großteil der älteren Kinder kennt dagegen bereits beide Ordinalzahlen. Geht man davon aus, dass sich die gesamte Ordinalzahlreihe von der Zahlwortreihe ableitet, erscheint es naheliegend, dass viele jüngere Kinder den Begriff „der Dritte" verstehen können, dass sie aber das Verständnis für höhere Ordinalzahlwörter (und möglicherweise das für die eigentliche Ordinalzahlreihe) noch nicht erworben haben. Auch Fuson und Hall (1983) nehmen an, dass Kinder die ersten drei oder vier Ordinalzahlbezeichnungen isoliert kennenlernen. Denkbar ist in diesem Sinne, dass Kinder häufig mit den Begriffen „Erster" bis „Dritter" in Kontakt kommen (z. B. im Zusammenhang mit den Gewinnern eines Spieles) und das Verständnis für die folgenden Ordinalzahlwörter erst später entwickeln.

V5: Simultanes Erfassen

Die Fähigkeit, Mengen auf einen Blick zu erfassen, wird als Simultanerfassen (auch Subitizing) bezeichnet und in der Literatur häufig als grundlegend für die mathematische Entwicklung angesehen (Clements & Sarama 2007). Allerdings gehen hier die Annahmen darüber, wie beim Simultanerfassen vorgegangen wird, deutlich auseinander. Während Gelman & Gallistel (1978) von einem unbewussten schnellen Zählvorgang ausgehen, ist nach Dehaene (1999) die gleichzeitige Wahrnehmung und Verarbeitung Voraussetzung für die Simultanerfassung.

Auch in Bezug auf die Anzahl der simultan erfassbaren Objekte gehen die Auffassungen auseinander. Dehaene sowie Gelman und Gallistel sehen für diese Altersgruppe eine Grenze bei einer Menge von drei bis vier Objekten, wohingegen Ginsburg, Klein & Starkey (1998) davon ausgehen, dass vier- und fünfjährige Kinder Mengen von bis zu fünf Objekten simultan erfassen können. Unsere eigenen Erprobungen mit jüngeren Kindern lassen vermuten, dass Dreijährige in der Regel zunächst zwei Elemente simultan erfassen können. Diesbezüglich besteht sicher auch ein Zusammenhang zu den verschiedenen Niveaus der Zählentwicklung nach Fuson (siehe 2.2).

Die Punktmengen mit 0 bis 4 Elementen im Aufgabenteil V5 wurden ein Jahr vor Einschulung von rund 90 % der Kinder korrekt erfasst, unmittelbar vor der Einschulung steigt die Lösungshäufigkeit auf knapp 100 %. Nur noch 60 % konnten allerdings ein Jahr vor Einschulung 5 Elemente erfassen (bei Einschulung steigt diese Zahl auf 81 %), und die Erfassung von 9 Punkten gelang nur noch 19 % bzw. 35 %, was jedoch angesichts der Befunde aus der Literatur nicht überraschend ist.

V6: Zahl-Mengen-Zuordnung

Die Einführung der Zahlsymbole wird – sowohl von Eltern und Erzieherinnen/Erziehern als auch von Lehrerinnen/Lehrern – häufig als schulische Aufgabe verstanden. Doch begegnen Zahlsymbole Kindern bereits lange vor der Einschulung in unterschiedlichsten Kontexten. Die Verbindung von Zahlsymbolen und Zahlworten mit entsprechenden Mengen, die das Verständnis von Zahlen als Anzahlen voraussetzt, wird als wichtiger Aspekt bei der Entwicklung des Zahlbegriffs verstanden. Entsprechend findet sich im V-Teil eine Aufgabe, die die Zuordnung von Zahlsymbolen zu Mengen (hier in Form von Punktefeldern) thematisiert.

Um einen Eindruck davon zu erhalten, bei welchen Aufgaben sich Kinder, die insgesamt sehr viele Aufgaben richtig lösen, besonders von Kindern unterscheiden, die insgesamt weniger Punkte im EMBI-V-Teil erzielen, wurden die Kinder in der Studie nach ihrer Gesamtpunktzahl verschiedenen „Leistungsgruppen" zugeordnet. Im Vergleich zur Simultanerfassung ergeben sich bei der Zuordnung der Zahlsymbole zu Punktefeldern deutlich größere Unterschiede in Bezug auf die Lösungshäufigkeiten der verschiedenen „Leistungsgruppen". Ein Jahr vor Einschulung erreichte das leistungsstärkste Viertel bei der Zuordnung von Zahlsymbolen zu Mengen eine mittlere Lösungsrate von 96 %, während im leistungsschwächsten Viertel nur eine Lösungsrate von durchschnittlich 37 % erzielt wurde.

Direkt vor der Einschulung gelingt bereits sehr vielen Kindern die Zuordnung von Zahlsymbolen zu Mengen. Einigen Kindern bereitet jedoch die Zuordnung der Neun noch Schwierigkeiten. Nach einer entsprechenden Förderung erzielen auch die Kinder gute Ergebnisse bei der Bearbeitung dieser Aufgabe, die ein Jahr zuvor noch deutliche Schwierigkeiten hatten.

Überrascht zeigten sich die an der Längsschnittstudie beteiligten Studierenden davon, dass sich der Umgang mit der Zahl Null für die Mehrzahl der Kinder als relativ unproblematisch erwies. Jeweils knapp 65 % (ein Jahr vor Einschulung) bzw. über 90 % (unmittelbar vor Schulanfang) hatten keine Probleme mit der Zuordnung des entsprechenden Zahlsymbols. Dieses Ergebnis stützt Befunde von Ginsburg (2002) und Greenes (1999), dass das Konzept der Null von den meisten Kindern im Laufe des Jahres vor Einschulung relativ leicht verstanden wird.

V7: Anordnung der Zahlsymbole (Ziffernfolge von 1 bzw. 0 bis 9)

Das Ordnen von einstelligen Zahlen im Rahmen der Ziffernfolge von 1 bzw. 0 bis 9 setzt die Verbindung der Zahlsymbole mit der Zahlwortreihe oder gegebenenfalls darüber hinaus auch mit den entsprechenden Mengen voraus. Diese Aufgabe erwies sich für Kinder im letzten Kindergartenjahr als durchaus schwierig. Knapp 60 % der Kinder gelang es ein Jahr vor der Einschulung, die Ziffernkarten von 1 bis 9 in der richtigen Reihenfolge zu legen. Immerhin noch knapp die Hälfte der Kinder konnten auch die Null entsprechend zuordnen. Am Ende des letzten Kindergartenjahres haben nur noch ein Fünftel der Kinder Schwierigkeiten bei der Bildung der Zahlenfolge von 1 bzw. 0 bis 9.

V8: Teil-Ganzes-Beziehungen

Es ist weithin unbestritten, dass die Einsicht in Teil-Ganzes-Beziehungen eine wesentliche Grundlage für einen flexiblen Umgang mit Zahlen in verschiedensten Kontexten darstellt (vgl. u.a. Krajewski 2008). Das Teil-Ganzes-Konzept bezieht sich auf die Idee bzw. Vorstellung, dass eine gegebene Zahl auf verschiedene Arten zerlegt und wieder zusammengesetzt werden kann. Bei der Entwicklung des entsprechenden Items im V-Teil bestand das Erkenntnisinteresse darin zu untersuchen, inwieweit Kinder im Vorschulalter die Sechs jenseits der Zählfolge (als Zahl nach der Fünf) betrachten und deuten können.

Da es explizites Ziel war herauszufinden, ob Kinder in der Lage sind, sich die Sechs mental auf unterschiedliche Art und Weise vorzustellen, wurden als „Material" die eigenen Finger gewählt. Bei der Darstellung mit Hilfe der Teddys bestanden wesentliche Bedenken darin, dass der Umgang mit den Teddys eher zum Zählen verleiten würde.

Während erwartungsgemäß ein relativ hoher Prozentsatz (87 %) von Kindern bereits ein Jahr vor Einschulung die Lösung 5 + 1 bzw. 1 + 5 zeigen konnte, gelang das Finden einer zweiten Möglichkeit (z.B. 3 Finger der rechten und 3 Finger der linken Hand) immerhin noch knapp 40 % der Kinder. Eine dritte Möglichkeit (4 + 2 bzw. 2 + 4) konnten hingegen nur noch 18 % der Kinder zeigen. Unmittelbar vor Schulbeginn konnten deutliche Steigerungen festgestellt werden. Eine Möglichkeit (in der Regel 5 + 1) konnten nun 99 % der Kinder zeigen, eine zweite Möglichkeit 56 % und eine dritte Möglichkeit 26 %.

Der Aufbau von flexiblen mentalen Zahlvorstellungen ist offenbar nicht nur bedeutungsvoll für die (vorschulische) Zahlbegriffsentwicklung. Fischer (1990) konnte darstellen, dass eine explizite Thematisierung und Verbalisierung von Teil-Ganzes-Beziehungen nicht nur positive Auswirkungen auf die Zahlbegriffsentwicklung zeigt, sondern auch auf die arithmetischen Fähigkeiten von jungen Kindern beim Lösen von Textaufgaben zur Addition und Subtraktion und zum Umgang mit Stellenwerten – ohne dass diese Aspekte explizit thematisiert worden waren.

V 9: Nachfolger/Vorgänger

Im breiteren Kontext des EMBI finden sich in den jeweiligen Interviewteilen zum Bereich „Zählen" verschiedene Aufgaben zum Vorwärts- und Rückwärtszählen von verschiedenen Startzahlen aus. Diese verlangen von Kindern das Aufbrechen der Zahlwortreihe im Sinne Fusons (1988), die die Fähigkeit, von beliebigen Startzahlen aus zu zählen, als „breakable chain level" (teilweise flexible Zahlwortreihe) im Rahmen der Zählentwicklung beschreibt (siehe 2.2). Da im Rahmen des Teils A „Zählen" des Interviews diesbezügliche Zählaufgaben in höheren Zahlenräumen thematisiert werden (z.B. von 53 bis 62 bzw. 84 bis 113 zählen), schien es sinnvoll, im Rahmen des V-Teils Aufgaben einzubeziehen, die die Fähigkeit zum Aufbrechen der Zahlwortreihe anhand deutlich kleinerer Zahlen thematisieren.

Es zeigte sich, dass die Nennung der Vorgänger erwartungsgemäß schwieriger für Kinder im letzten Kindergartenjahr war als die Nennung der Nachfolger. Auch das Rückwärtszählen ist für Kinder generell deutlich schwieriger als das Vorwärtszählen (vgl. Moser Opitz 2007). Mit steigender Größe der Zahlen sank – ebenfalls erwartungsgemäß – die Lösungshäufigkeit zu beiden Befragungszeitpunkten. Konnten zu Beginn des letzten Kindergartenjahres knapp 90 % der Kinder die *Zahl nach 4* nennen (rund ein Jahr später waren es 97 %), so gelang ein Jahr vor Einschulung nur 66 % die Nennung der *Zahl vor 3* (ein Jahr später waren es hier 83 %). Als besonders schwierig erwies sich das Nennen der Vorgänger für die Kinder mit Migrationshintergrund, die diesbezüglich zu beiden Befragungszeitenpunkten deutlich schlechter abschnitten als die Gesamtgruppe. Die *Zahl vor 3* nennen konnten jeweils nur 36 % bzw. 61 % der Kinder mit Migrationshintergrund.

V 10: Eins-zu-eins-Zuordnung

Da der Eins-zu-eins-Zuordnung eine sehr grundlegende Bedeutung im Rahmen der Zahlbegriffsentwicklung zukommt (vgl. 2.1 bis 2.3), sind Aufgaben zur Eins-zu-eins-Zuordnung fester Bestandteil von Aufgabenkatalogen zur Zahlbegriffsentwicklung. Obwohl insbesondere bei Kindern im letzten Kindergartenjahr eine hohe Lösungshäufigkeit zu erwarten ist, wurde aufgrund der großen Bedeutung eine solche Aufgabe auch in das EMBI aufgenommen. Ähnlich wie beim Aspekt der Invarianz erwies es sich auch bezüglich der Eins-zu-eins-Zuordnung als schwierig, ein geeignetes Interview-Item zu finden, das nicht vornehmlich durch Zählen gelöst wird. So bestand die Aufgabe in der australischen Fassung des Interviews zunächst darin, Trinkbechern (gegeben waren 5) einen Strohhalm zuzuordnen.

Angesichts der Tatsache, dass die Zuordnung von Strohhalmen zu Bechern eine stark kontextualisierte Aktivität ist, die eng mit entsprechenden Beobachtungen und Erfahrungen im Alltag gekoppelt ist, führte das deutsche EMBI-Team eine Pilotstudie durch, in der dieses Item verändert wurde, indem man es dekontextualisierte. Die Aufgabe besteht nun darin, fünf gegebenen Teddys jeweils einen Holzwürfel zuzuordnen. Trotz des fehlenden Alltagsbezugs wird diese Aufgabe jedoch von über 90 % der Kinder im Alter von vier bis sechs Jahren gelöst.

V 11: Seriation (nach Länge ordnen)

Die Aufgabenstellung zur Seriation wurde aufgrund einer Erfahrung im Rahmen der australischen Pilotstudie in den V-Teil aufgenommen, nach der das Ordnen von Zahlsymbolen im V-Teil für die Kinder deutlich schwieriger war als das Lesen oder Schreiben (hier mit Hilfe des Taschenrechners) von Zahlen im Rahmen des Teils B zu Stellenwerten.

Von den rund 1000 deutschen Kindern gelang es bei der entsprechenden Aufgabe zur Seriation 20 % der Kinder nicht, drei Bleistifte der Länge nach zu ordnen. 30 % der Kinder gelang es nicht, vier Bleistifte zu ordnen. Unmittelbar vor Einschulung konnten dann 93 % bzw. 89 % der Kinder drei bzw. vier Bleistifte der Länge nach ordnen.

Der Vergleich und das Ordnen von drei Objekten bezüglich ihrer Länge ist erwartungsgemäß schwieriger für junge Kinder, als nur zwei Objekte zu vergleichen, denn über die Feststellung von

„lang" bzw. „kurz" hinaus muss nun überlegt werden, wie ein drittes Objekt im Vergleich zu den beiden anderen positioniert werden kann. Die Erweiterung um ein viertes Objekt macht das Item wiederum noch schwieriger, was sich auch klar in den Lösungshäufigkeiten beim ersten Befragungszeitpunkt ein Jahr vor der Einschulung zeigt. Es ergibt sich die Frage, wie die vergleichsweise geringe Lösungshäufigkeit zum ersten Befragungszeitpunkt zu erklären ist. Williams und Shuard (1982) verweisen dazu auf die Komplexität des Denkprozesses, der erforderlich ist, um Objekte zu ordnen. Wie jedoch auch schon bei anderen Items zeigen sich zum zweiten Messzeitpunkt deutliche Leistungsverbesserungen.

Ferner wurde im Einsatz des Interviews deutlich, dass es bei Aufgabenstellungen zur Seriation für Kinder im Vorschulalter offenbar schwieriger ist, Zahlsymbole ihrer Größe nach zu ordnen (siehe V7) als Objekte (in diesem Fall Bleistifte) nach ihrer Länge.

Teil A: Zählkompetenzen

Der ursprünglich für den schulischen Anfangsunterricht konzipierte Teil A „Zählen" wurde in die Kindergarten-Version des EMBI aufgenommen, da viele Kinder bereits vor Schulbeginn über erhebliche Kompetenzen in diesem Bereich verfügen. Darüber hinaus stellt die Zählentwicklung einen bedeutenden Aspekt der Entwicklung früher mathematischer Kompetenzen dar. Um diesen Teil für eine differenziertere Erfassung von Zählkompetenzen im Vorschulalter anzupassen, wurden erweiterte Teilaufgaben im Zahlenraum bis 20 aufgenommen. Dennoch lassen sich die Befunde leicht mit den Befunden der Grundschulversion vergleichen. Im Handbuch beschriebene Kriterien für den Abbruch des Interviews (siehe 3.3) sollen eine Überforderung des Kindes und damit verbundene Misserfolgserlebnisse verhindern.

Ergänzend zu den Daten zum V-Teil liegen auch Befunde der von uns befragten rund 800 Kinder[6] zum Teil A „Zählen" vor, die hier abschließend kurz dargestellt und diskutiert werden sollen. So kann die Schwierigkeit der Aufgaben für Kinder im Vorschulalter eingeschätzt werden. Rund 90 % der Schulanfänger kennen bereits die Zahlwortreihe bis 20, ein Jahr vor Einschulung waren es immerhin schon knapp 70 %. Ein Großteil der Kinder, die bis 20 zählen können, kennt auch bereits die Zahlwortreihe bis 32. Das Auszählen einer Menge von ca. 20 Bären (vgl. A1) gelingt 75 % der Schulanfänger. Das Aufsagen der Zahlwortreihe erweist sich damit offenbar als einfacher, als die Anzahl der Elemente einer gegebenen Menge zu zählen, wobei es in Einzelfällen durchaus Ausnahmen geben kann (vgl. 2.2). Das Schätzen der Menge von ca. 20 Bären dient im Interview vor allem der Motivation der Kinder, diese Menge zu zählen. Daher liegen zu dieser Aufgabe keine Daten vor. Die genannte Zahl des Kindes kann jedoch auch Hinweise auf seine Fähigkeiten zur Beurteilung von Mengen geben. So können z. B. genannte Anzahlen von „drei Bären" oder „200" Bären als Anzeichen für Schwierigkeiten in der Entwicklung von Mengen-Zahlen-Kompetenzen gedeutet werden.

Beim Aufsagen der Zahlwortreihe von den Startzahlen 53 und 84 aus sowie beim Rückwärtszählen von 24 aus waren ein Jahr vor Einschulung immerhin noch rund 20 % der Kinder erfolgreich. Diese Zahl verdoppelte sich unmittelbar vor der Einschulung. Dabei war das Rückwärtszählen deutlich schwieriger als das Vorwärtszählen (vgl. auch Moser Opitz 2007). Mit steigender Größe der Zahlen sank ebenfalls – erwartungsgemäß – die Lösungshäufigkeit in beiden Gruppen. Diese Aufgabenstellung gibt einerseits Auskunft über das Erreichen des „breakable chain level" (siehe 2.2), andererseits erfordert sie jedoch von den Kindern bereits die Orientierung im Zahlenraum bis 100. Um die Entwicklung gerade jüngerer Kinder differenzierter beobachten zu können, enthält das EMBI für den Einsatz im Kindergarten zusätzliche Aufgabenstellungen im Zahlenraum bis 20 (vgl. A2). Ebenso enthält die Aufgabe A3 auch einen Aufgabenteil, der das Nennen des Vorgängers und Nachfolgers einer Zahl zunächst im Zahlenraum bis 20 erfasst und damit direkt an die entsprechende Aufgabenstellung aus dem V-Teil anknüpft.

[6] Es sind hier weniger Kinder als beim V-Teil, weil bei den leistungsschwächeren Kindern auf den Einsatz des A-Teils im Sinne der Abbruchkriterien verzichtet wurde. Wären auch die leistungsschwachen Kinder noch befragt worden, wäre die Lösungshäufigkeit insgesamt noch etwas geringer.

Das Zählen in Schritten entspricht bereits einem erhöhten Niveau in der Entwicklung flexibler Zählkompetenzen. Einigen Schulanfängern gelingt jedoch bereits das Zählen in 2er-, 10er- und 5er-Schritten von Null aus (vgl. A4). Das Zählen in Schritten von verschiedenen Startzahlen aus (vgl. A5 und A6) erwies sich jedoch zu beiden Befragungszeitpunkten für die meisten Kinder als sehr schwierig. Diese Kompetenzen werden offenbar erst im Laufe der Schulzeit entwickelt.

3.2 Materialgestützte Interviewdurchführung

Die Befragung junger Kinder in Bezug auf ihre mathematischen (Vorläufer-)Kompetenzen beinhaltet einige Herausforderungen. Selbst Kindern mit einer guten Sprachentwicklung fehlt häufig noch das Vokabular zur Beschreibung ihrer mathematischen Einsichten und Strategien. Auch ist es für viele Kinder schwierig, wenn Aufgaben rein verbal formuliert und/oder mit Hilfe von Bildern bzw. grafischen Darstellungen gestellt werden, denn hier werden sprachliche bzw. visuelle Fähigkeiten verlangt, die nicht zwingend mit der Entwicklung des mathematischen Denkens korrespondieren. Das hier vorgestellte Interview schärft nicht nur den Blick für individuelle Lösungswege, sondern ermöglicht den Kindern durch den gezielten begleitenden Materialeinsatz bei der Durchführung des Interviews *handlungsgestützte Artikulationsformen* (vgl. auch Bruner 1972), die die verbalen Äußerungen ergänzen oder sogar ersetzen können. Somit ist das Interviewverfahren besonders für die Befragung junger Kinder geeignet. Nach unserer Erfahrung profitieren auch besonders Kinder mit Einschränkungen bei der Sprachentwicklung und/oder anderen Erstsprachen als Deutsch und daher noch unzureichenden Deutschkenntnissen vom durchgängig begleitenden Materialeinsatz.

3.3 Definierte Abbruchkriterien

Mathematisches Wissen ist vielfach – wenn auch längst nicht immer – hierarchisches Wissen. Kann ein Kind z.B. nicht sicher im Zahlenraum bis 20 zählen, gelingt dies im Zahlenraum bis 100 auch nicht. Doch auch wenn Kinder noch nicht sicher bis 20 zählen können, gelingt ihnen unter Umständen aber bereits das Nachlegen oder Fortsetzen von Mustern. Die Entwicklung von Zählkompetenzen (und auch von Stellenwertverständnis) hat sich allerdings als weitgehend hierarchisch erwiesen, was sich nicht zuletzt auch in den diesbezüglichen Ausprägungsgraden (siehe den folgenden Abschnitt 3.4) niederschlägt.

Um das Interview zum einen nicht unnötig in die Länge zu ziehen und zum anderen Kinder nicht zu überfordern oder ihnen unnötige Misserfolgserlebnisse durch falsche oder fehlende Antworten zuzumuten, sind im Interviewleitfaden zum Teil A explizite *Abbruchkriterien* ausgewiesen. Diese Abbruchkriterien dienen dem Schutz des Kindes und sollen vermeiden, dass vermehrt Situationen entstehen, in denen das Kind entweder keine Antwort geben kann oder eine falsche Lösung nennt oder zeigt. Daher wird in diesem Fall in der Regel das Interview bei der entsprechenden Teilaufgabe abgebrochen und zu einer folgenden Aufgabe übergegangen.

Hat die interviewende Person jedoch in Ausnahmefallen den Eindruck, das Kind sei durchaus noch in der Lage weitere Fragen zu beantworten (z.B. durch entsprechende informelle Beobachtungen im Alltag der Tagesstätte), können in diesen Ausnahmefällen die Abbruchbedingungen übergangen und weitere Fragen des jeweiligen Aufgabenteils gestellt werden.

Im V-Teil hingegen finden sich keine expliziten Abbruchkriterien. Inwieweit sich die verschiedenen Vorläuferfähigkeiten bedingen und aufeinander aufbauen, ist bislang erst in Ansätzen erforscht. Umfassende Kompetenzmodelle liegen noch nicht vor. Die verschiedenen Teilbereiche bauen daher nicht aufeinander auf. Es werden vielmehr verschiedene Fähigkeiten und Fertigkeiten thematisiert, zu denen auch junge Kinder bereits vielfach Erfahrungen gesammelt haben und denen zugleich eine Bedeutung im Rahmen des frühen Mathematiklernens beigemessen wird. Die Anordnung der Aufgaben ist hier vielfach um das eingesetzte Material herum konzipiert. Entsprechend lassen sich daher auch keine Ausprägungsgrade (vgl. 3.4) zuweisen oder sinnvolle Abbruchkriterien definieren. Daher sollten bezogen auf den V-Teil alle vorgesehenen Aufgaben durchgeführt werden, um gezielten Aufschluss darüber zu erlangen, was ein Kind bereits kann und an welchen Stellen welche Probleme auftreten.

Unsere Erfahrungen zeigen insgesamt, dass es die Kinder in der Regel sehr genießen, für die Zeit des Interviews die ungeteilte Aufmerksamkeit ihrer Erzieherin / ihres Erziehers zu haben. Sie zeigen gern und stolz, was sie bereits wissen und können und haben unabhängig davon, wie viel sie im Einzelfall gewusst haben, durch den Aufbau des Interviews, den Eindruck, dass sie viele Fragen beantworten konnten.

3.4 Ausprägungsgrade mathematischen Wissens

Um sich entwickelnde mathematische Kompetenzen theoriegeleitet erfassen und beschreiben zu können, haben die australischen Kolleginnen und Kollegen im Rahmen des Early Numeracy Research Projekts ein Rahmenkonzept bezüglich der Ausprägungsgrade (engl. growth points) der Entwicklung mathematischen Denkens konzipiert. Grundlage war die umfassende Auswertung vorliegender internationaler Literatur, die sich auf die Identifizierung von Stadien oder Phasen elementarmathematischer Lernprozesse in Bezug auf verschiedene Inhaltsbereiche sowie die Entwicklung von Konzepten zur Beschreibung mathematischen Lernens bezieht.

Mathematische Leistungen und Kompetenzen bezogen auf festgelegte Inhaltsbereiche (hier nur Teil A zu Zählkompetenzen) werden mit Ausprägungsgraden differenziert von 1 bis maximal 6 beschrieben. Grundlage für die Ermittlung eines Ausprägungsgrades sind die Antworten eines Kindes im Interview sowie die Beobachtung seines Verhaltens, z. B. im Umgang mit den angebotenen Materialien (vgl. 3.2). Ausprägungsgrade sind stets auf konkrete Inhaltsbereiche bezogen – hier auf den Bereich Zählen. Ein Ausprägungsgrad zur mathematischen Leistung insgesamt ist nicht vorgesehen.

Die Ausprägungsgrade sind weitgehend hierarchisch geordnet und beziehen zunehmend komplexes Denken und Verstehen ein. Dabei liefern weitere Beobachtungen der Erzieherin in der Gruppe sowie auch der Lehrkraft im Unterricht zusätzlich wichtige Informationen. Ausprägungsgrade sind also nicht isoliert von Förderung und Unterricht zu sehen. Die Ausprägungsgrade beschreiben erreichte Meilensteine in der Entwicklung mathematischen Denkens und verdeutlichen zugleich, welche Meilensteine als Nächstes erreicht werden sollen.

Wird ein Ausprägungsgrad mit „0" bezeichnet, bedeutet dies nicht, dass das Kind nichts weiß oder kein Verständnis entwickelt hat, sondern lediglich, dass Ausprägungsgrad 1 noch nicht nachzuweisen ist.

Im Teil A „Zählen" sind z. B. folgende Ausprägungsgrade auf der Basis entsprechender wissenschaftlicher Erkenntnisse festgelegt:

0. Nicht ersichtlich,
ob das Kind in der Lage ist, die Zahlwörter bis 20 zu benennen.

1. Mechanisches Zählen
Das Kind zählt mechanisch bis mindestens 20, ist aber noch nicht fähig, eine Menge (von Gegenständen) dieser Größe zuverlässig abzuzählen.

2. Zählen von Mengen
Das Kind zählt sicher Mengen mit ca. 20 Elementen (Gegenständen).

3a. Vorwärts- und Rückwärtszählen in Einerschritten im Zahlenraum bis 20
Das Kind kann im Zahlenraum bis 20 in Einerschritten von verschiedenen Startzahlen aus zählen und Vorgänger und Nachfolger einer gegebenen Zahl benennen.

3b. Vorwärts- und Rückwärtszählen in Einerschritten im Zahlenraum bis 100
Das Kind kann im Zahlenraum bis 100 in Einerschritten von verschiedenen Startzahlen aus zählen und Vorgänger und Nachfolger einer gegebenen Zahl benennen.

4. **Zählen von 0 aus in 2er-, 5er- und 10er-Schritten**
   Das Kind kann von 0 aus in 2er-, 5er- und 10er-Schritten bis zu einer gegebenen Zielzahl zählen.
5. **Zählen von Startzahlen mit x > 0 aus in 2er-, 5er- und 10er-Schritten**
   Das Kind kann von einer Startzahl (x > 0) in 2er-, 5er- und 10er-Schritten bis zu einer gegebenen Zielzahl zählen.
6. **Erweiterte Zählfertigkeiten**
   Das Kind kann von einer Startzahl (x > 0) in beliebigen einstelligen Schritten zählen.

Eine Sonderstellung nimmt der V-Teil ein, da in diesem Bereich bislang noch keine Kompetenzmodelle vorliegen, die die Ableitung von Ausprägungsgraden erlauben (siehe dazu auch Abschnitt 3.3).

Nachdem Sie sich mit den konzeptionellen Grundlagen und den Kernelementen des EMBI vertraut machen konnten, wird im Folgenden dargestellt, worauf bei der Durchführung des Interviews und seiner Vorbereitung zu achten ist, um die Erkenntnischancen, die Ihnen das EMBI bietet, optimal nutzen zu können.

4. Vorbereitung der Interviewdurchführung

Bevor Sie das *Elementarmathematische Interview-KiGa* das erste Mal durchführen, sollten Sie sich unbedingt mit dem beiliegenden Material und den verschiedenen Dokumenten vertraut machen. Außerdem gilt es zu überlegen, wann und wo Sie das Interview am besten durchführen. Im Folgenden sind daher diesbezügliche Vorüberlegungen dargelegt sowie konkrete Vorbereitungen beschrieben.

4.1 Interviewdauer und Wahl des Ortes für die Interviewdurchführung

In der Regel wird die Durchführung der beiden Interviewteile insgesamt ca. 15 Minuten dauern. Die Abbruchkriterien in Teil A stellen sicher, dass nicht zu viele Fragen gestellt werden, die das Kind nicht beantworten kann und dass das Interview nicht unnötig in die Länge gezogen wird. Sollten Sie beobachten, dass sich ein Kind nur schlecht konzentrieren kann, spricht nichts dagegen, die beiden Interviewteile an verschiedenen Tagen durchzuführen.

Um dem Kind die Auseinandersetzung mit den Interviewaufgaben in ruhiger und entspannter Atmosphäre zu ermöglichen, sollte ein Raum gefunden werden, in dem die interviewende Person und das Kind ungestört sind. Dies kann ein kleiner Nebenraum sein, das Zimmer, in dem normalerweise Elterngespräche geführt werden, oder ein anderer Raum, der zum Zeitpunkt des Interviews nicht anderweitig genutzt wird. Besonders wenn Sie mehrere oder alle Kinder einer Gruppe interviewen wollen, ist die Unterstützung eines Kollegen oder einer Kollegin nötig, die für die Zeit des Interviews die anderen Kinder betreut. Unserer Erfahrung nach erkennen die Kinder schnell, dass es sich bei dem Interview um eine ganz besondere Situation handelt, in der sie allein die Aufmerksamkeit ihrer Erzieherin / ihres Erziehers haben und freuen sich darauf, wenn sie an der Reihe sind.

In bestimmten Situationen kann es sinnvoll sein, dass eine weitere Person anwesend ist. Wenn beispielsweise mehrere Personen in geplante mathematische Aktivitäten einbezogen sind (z.B. bei speziellen Aktivitäten für Vorschulkinder oder bei einer gezielten Förderung), kann eine weitere Person die Interviewsituation gezielt beobachten. Einem sehr schüchternen Kind kann die Anwesenheit einer vertrauten Person Sicherheit geben. In jedem Fall sollten anwesende Dritte stille Beobachter sein, die außerhalb des Blickfeldes des Kindes sitzen und sich nicht in die Interviewführung einmischen.

Es hat sich unserer Erfahrung nach bewährt, wenn die interviewende Person zwischen Kind und Material sitzt. So kann sie zum einen das Kind optimal bei seinen Materialhandlungen beobachten und ihre Notizen im Interviewprotokoll eintragen (vgl. 5.2 sowie 10.3). Zum anderen kann so das für die einzelnen Aufgaben benötigte Material leicht erreicht und auch wieder zurückgelegt werden. Auch für das Kind ist es hilfreich, wenn seine Aufmerksamkeit jeweils ausschließlich auf das aktuell zu verwendende Material gelenkt wird und noch nicht oder nicht mehr benötigte Materialien außerhalb des Sichtfeldes liegen.

Abb. 2: Materialeinsatz in der Interviewsituation

4.2 Sichtung und Vorbereitung des benötigten Materials

Das für das Interview benötigte Material kann als separates Materialpaket beim Verlag bezogen werden. Bitte prüfen Sie vor der Durchführung eines Interviews daher unbedingt die Materialien auf Vollständigkeit (vor allem, wenn bereits Interviews mit dem Materialsatz durchgeführt wurden) und legen Sie das Material in der benötigten Reihenfolge bereit. So vermeiden Sie zeitraubende und für das Kind irritierende Suchphasen während des Interviews und gewährleisten einen ungestörten und zügigen Ablauf des Interviews.

Einmalige Vorbereitungen vor der ersten Durchführung:

Machen Sie sich vor der ersten Durchführung unbedingt mit den verschiedenen Materialien und Instrumenten des *EMBI-KiGa* vertraut (eine Übersicht über alle für das Interview erforderlichen Materialien finden Sie unter 10.2) und sehen Sie sich das Material in Zusammenhang mit den jeweiligen Aufgabenstellungen an, die im Interviewleitfaden formuliert sind (vgl. auch 5.1 und 10.1). Für die Aufgabe V 11 müssen *vor der ersten Durchführung* die 4 Papp-Bleistifte ausgeschnitten werden.

Vorbereitungen vor jeder Durchführung:

Bitte achten Sie darauf, sich vor dem Interview anhand der entsprechenden Kopiervorlagen unter 10.3 und 10.4 jeweils Kopien von Interviewprotokoll und Auswertungsbögen in der benötigten Anzahl zu erstellen.

Die ausgefüllten Protokolle und Befunde können nach dem Interview zusammen mit weiteren Unterlagen und Aufzeichnungen (z.B. informelle Beobachtungen) abgeheftet werden, um die individuelle Lernentwicklung jeden Kindes zu dokumentieren und die Interviewergebnisse für spätere Gespräche mit Eltern und Kolleginnen / Kollegen verfügbar zu machen.

Während der Materialsatz leicht von mehreren Fachkräften einer Kindertagesstätte in Absprache gemeinsam genutzt werden kann, hat es sich bewährt, wenn jede Person, die mit dem *EMBI-KiGa* arbeitet, ihr eigenes Handbuch hat, in dem sie bei Bedarf Notizen und evtl. Verweise auf weitere Materialien für Förderung und Unterricht eintragen kann.

4.3 Einarbeitung in das Interviewverfahren

Erfahrungsgemäß ist der parallele Einsatz von Interviewleitfaden, Material und Interviewprotokoll trainingsbedürftig. Daher empfehlen wir Ihnen, die Interviewtechnik im Vorfeld mit einer Kollegin oder einem Kollegen einzuüben. Jeweils wechselseitig spielt eine(r) von Ihnen beiden das Kind. So können Sie nicht nur wechselseitig den koordinierten Einsatz der Instrumente und Materialien trainieren, sondern zugleich verschiedene zu erwartende Antworten und Lösungsansätze durchspielen, was sicherlich beim inhaltlichen Zugang zu den Aufgaben und ihren diagnostischen Deutungen und diesbezüglichen Folgerungen hilfreich ist.

Zum EMBI „Zahlen & Operationen", das ja auch die beiden Interviewteile zu Vorläuferfähigkeiten (V-Teil) und Zählen (A-Teil) umfasst, kann ferner eine DVD mit einzelnen Interviewsequenzen über den Verlag bezogen werden. Diese Interviewausschnitte, die auch Interviews mit Vorschulkindern umfassen, vermitteln Ihnen zum einen einen unmittelbaren Zugang zum Interview und seinen Erkenntnischancen. Zum anderen können Sie anhand der Videoclips auch das Ausfüllen des Interviewprotokolls auf der Basis von authentischen Kinderantworten einüben und somit Sicherheit beim Umgang mit dem Protokollbogen und der Aufzeichnung individueller Lösungswege gewinnen. Um sich bei den ersten selbst geführten Interviews etwas zu entlasten, hat es sich zudem bewährt, eine Kollegin oder einen Kollegen zu bitten, den Protokollbogen auszufüllen. Erfahrungsgemäß gelingt jedoch nach wenigen Durchführungen auch die begleitende Protokollführung.

Der konkrete Aufbau und Umgang mit Interviewleitfaden und Interviewprotokoll sowie die Auswertung der Befunde und die Dokumentation der Ergebnisse werden im Folgenden ausführlich beschrieben.

5. Durchführung und Auswertung

Die besonderen Erkenntnischancen des *EMBI-KiGa* liegen in einem gezielt koordinierten Zusammenspiel von Materialeinsatz, entsprechenden diagnostischen Aufgaben und der systematischen Erfassung von Lösungsstrategien einerseits sowie der detaillierten Auswertung der Interviewbefunde andererseits. Daher soll der Umgang mit den entsprechenden Instrumenten im Folgenden beschrieben und anhand von Beispielen erläutert werden.

5.1 Aufbau des Interviewleitfadens

Grundlage des vorliegenden *EMBI-KiGa* ist ein *Interviewleitfaden*, der durch den Einsatz von Material begleitet wird, das dem Kind neben verbalen Erklärungen auch die handlungsgestützte Artikulation seiner Lösungsideen und Strategien erlaubt (vgl. 3.2). Der Leitfaden enthält demnach nicht nur die Fragen, die die Erzieherin bzw. der Erzieher dem Kind stellt, sondern beschreibt auch den zugehörigen Materialeinsatz. Im A-Teil kommt ferner eine Spalte mit Abbruchkriterien hinzu. Es müssen also folgende Informationen und Anweisungen aufeinander bezogen sein:

- die Wahl des Materials,
- eine Handlungsanweisung für die Interviewerin / den Interviewer, wie dieses Material dem Kind präsentiert wird,
- die Formulierung der entsprechenden Fragestellung inkl. eventueller Nachfragen sowie
- im Teil A die klare Ausweisung von Abbruchkriterien, falls das Kind keine oder eine falsche Antwort gibt inkl. der Information an welcher Stelle in diesem Fall mit dem Interview fortzufahren ist.

Um diese aufeinander bezogenen Handlungs- und Textanweisungen möglichst übersichtlich zu gestalten und somit die materialgestützte Durchführung zu erleichtern, ist der Interviewleitfaden als Tabelle dargestellt.

Der folgende Ausschnitt aus Teil A des Interviews zum Zählen verdeutlicht den Aufbau.

Aufg.	Material	Interviewer-Handlung	Interviewer-Text	Abbruchkriterien
A 1	Box mit 50 Bären (je 12 gelbe, grüne, blaue und 14 rote) Bärenschachtel	Zeigen Sie dem Kind den Behälter mit den Bären und stellen ihn zusammen mit der leeren Bärenschachtel vor das Kind. Achten Sie darauf, dass mind. 20 Bären in der Bärenschachtel sind.	Nimm bitte eine große Hand voll Bären. … (ggf.): Lege noch ein paar Bären dazu, bis der Bärenschachtel voll ist. Was meinst du, wie viele Bären sind in dem Becher? Was schätzt du? Zähle mal bitte nach, ob das stimmt.	nicht erfolgreich, dann Abbruch

Abb. 3: Ausschnitt Interviewleitfaden

Um die Orientierung zu erleichtern, ist der Sprechtext im gesamten Leitfaden jeweils grau unterlegt. Den kompletten Interviewleitfaden finden Sie unter 10.1.

Insgesamt besteht der Interviewleitfaden aus 17 Aufgaben mit folgenden Schwerpunkten:

- Teil V: Vorläuferfähigkeiten (V 1 – V 11)
- Teil A: Zählen (A 1 – A 6)

Nur wenige Kinder werden alle Aufgaben bearbeiten. Bei der Mehrzahl der Kinder wird das Interview im Teil A durch entsprechend greifende Abbruchkriterien verkürzt. Um im Bereich des Zählens im Zahlenraum bis 20 noch besser differenzieren zu können, finden sich in den Aufgaben A 2 und A 3 des *EMBI-KiGa* ergänzende Teilaufgaben zum Zahlenraum bis 20 (vgl. A 2b, A 2c und A 3a).

Auf Grundlage der Erfahrungen aus verschiedenen Erprobungen mit Kindern ab einem Alter von drei Jahren sind gegenüber der eher schulisch ausgerichteten Version *EMBI Zahlen und Operationen* zum Teil die Formulierungen so angepasst, dass sie auch von Kindergartenkindern in der Regel gut verstanden werden. Auch die Nummerierung der Aufgaben des V-Teils wurde der Übersichtlichkeit halber leicht verändert. Da in den entsprechenden Auswertungsbögen in beiden Versionen (für das *EMBI-KiGa* siehe 10.4) die inhaltlichen Bezeichnungen jedoch identisch geblieben sind, ist eine gemeinsame Sichtung der Ergebnisse mit einer Kollegin oder einem Kollegen aus der Grundschule, der bzw. dem das *EMBI Zahlen und Operationen* bereits vertraut ist, unproblematisch.

5.2 Ausfüllen des Interviewprotokolls

Während des Interviews wird parallel zum Einsatz des Leitfadens ein individuelles *Interviewprotokoll* ausgefüllt. Das Interviewprotokoll ist für die einzelnen Aufgaben entsprechend vorstrukturiert, um Ihnen die Aufzeichnung der Antworten der Kinder in Bezug auf ihre Lösungen zu erleichtern und den Schreibaufwand zu minimieren. Mit Hilfe der Nummerierung lassen sich die Aufgaben und Antworten schnell und eindeutig zuordnen. Richtige Antworten vermerken Sie im Protokoll z. B. mit einem Haken in dem jeweiligen Kästchen, falsche Antworten können mit einem „f", fehlende mit einen Querstrich gekennzeichnet werden.

Ferner besteht die Möglichkeit, die vom Kind genannte Zahl bzw. Lösung sowie zusätzliche Bemerkungen zum Vorgehen zu notieren. Zur besseren Übersicht befinden sich im Protokoll die richtigen Lösungen in Klammern. Unter 10.3 finden Sie die Kopiervorlage für das Interviewprotokoll. Die obenstehende Abbildung zeigt einen ausgefüllten Protokollbogen zum Teil V.

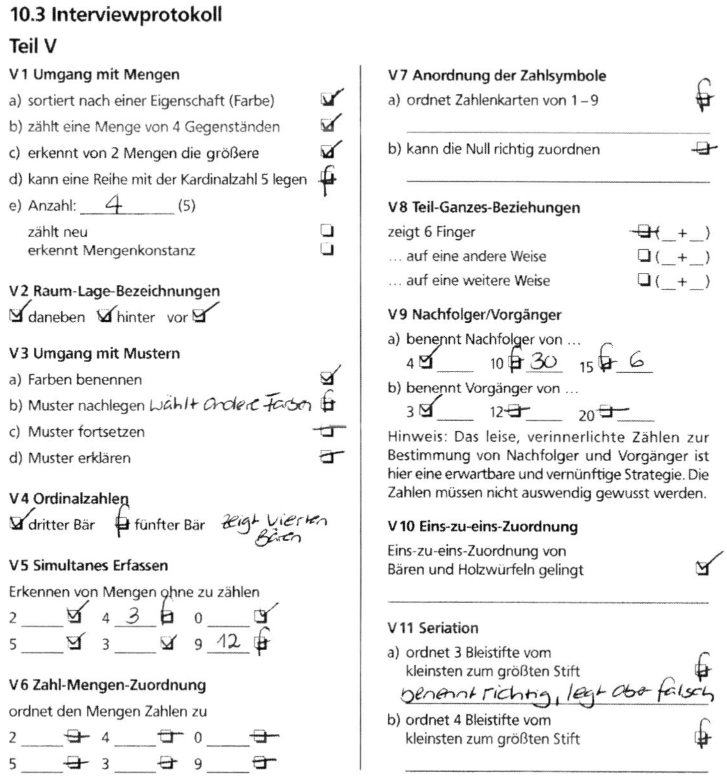
10.3 Interviewprotokoll

Teil V

V1 Umgang mit Mengen
a) sortiert nach einer Eigenschaft (Farbe)
b) zählt eine Menge von 4 Gegenständen
c) erkennt von 2 Mengen die größere
d) kann eine Reihe mit der Kardinalzahl 5 legen f
e) Anzahl: 4 (5)
zählt neu
erkennt Mengenkonstanz

V2 Raum-Lage-Bezeichnungen
daneben hinter vor

V3 Umgang mit Mustern
a) Farben benennen
b) Muster nachlegen wählt andere Farben f
c) Muster fortsetzen
d) Muster erklären

V4 Ordinalzahlen
dritter Bär f fünfter Bär zeigt vierten Bären

V5 Simultanes Erfassen
Erkennen von Mengen ohne zu zählen
2 ___ 4 3 f 0 ___
5 ___ 3 ___ 9 12 f

V6 Zahl-Mengen-Zuordnung
ordnet den Mengen Zahlen zu
2 ___ 4 ___ 0 ___
5 ___ 3 ___ 9 ___

V7 Anordnung der Zahlsymbole
a) ordnet Zahlenkarten von 1–9 f
b) kann die Null richtig zuordnen

V8 Teil-Ganzes-Beziehungen
zeigt 6 Finger (_ + _)
… auf eine andere Weise (_ + _)
… auf eine weitere Weise (_ + _)

V9 Nachfolger/Vorgänger
a) benennt Nachfolger von …
4 ___ 10 f 30 15 f 6
b) benennt Vorgänger von …
3 ___ 12 ___ 20 ___
Hinweis: Das leise, verinnerlichte Zählen zur Bestimmung von Nachfolger und Vorgänger ist hier eine erwartbare und vernünftige Strategie. Die Zahlen müssen nicht auswendig gewusst werden.

V10 Eins-zu-eins-Zuordnung
Eins-zu-eins-Zuordnung von Bären und Holzwürfeln gelingt

V11 Seriation
a) ordnet 3 Bleistifte vom kleinsten zum größten Stift f
benennt richtig, legt aber falsch
b) ordnet 4 Bleistifte vom kleinsten zum größten Stift f

Abb. 4: Muster Protokollbogen

5.3 Auswertung und Dokumentation der Ergebnisse

Unter 10.4.1 findet sich die *Einzelauswertung* zu den beiden Interviewteilen V (Vorläuferfähigkeiten) und A (Zählkompetenzen). Den Aufgaben zum Teil V werden dabei keine Ausprägungsgrade zugewiesen (vgl. 3.4), sondern es werden lediglich die Teilbereiche angekreuzt, in denen das Kind bereits richtige Aufgabenlösungen gezeigt hat. Bezogen auf den Teil A werden die im Protokollbogen festgehaltenen Antworten mit Hilfe der *Aufgabenauswertung* (siehe 10.4.1) in entsprechende *Ausprägungsgrade* übersetzt. So kann differenziert beschrieben werden, welche Zählkompetenzen ein Kind bereits entwickelt hat.

Um einen Überblick über die bereits erworbenen Vorläuferfähigkeiten und Zählkompetenzen der Kinder einer Gruppe zu erhalten, kann die Erfassung der (teilweise) richtigen bzw. falschen oder auch fehlenden Antworten sowie der im Teil A erreichten Ausprägungsgrade mit Hilfe der unter

10.4.2 bereitgestellten Kopiervorlage *Gruppenauswertung* erfolgen. Diese Übersicht ermöglicht einen schnellen Überblick über den Stand der Zahlbegriffsentwicklung bei den Kindern in einer Gruppe. Hier ist auch eine Spalte zu den erreichten Ausprägungsgraden in Teil A vorgesehen.

Die Erfahrungen aus unseren Erprobungen zeigen, dass sich ein großer Teil der Kinder am Ende der Kindergartenzeit im Bereich von Ausprägungsgrad 2 befindet. Ferner werden die Aufgaben des V-Teils überwiegend richtig gelöst. Kinder, die hier deutlich schwächere Leistungen zeigen, haben einen besonderen Unterstützungsbedarf und bedürfen von Beginn der Grundschulzeit an besonderer Aufmerksamkeit, um im Fach Mathematik nicht von Anfang (und dann leider oft dauerhaft) den Anschluss an die Klasse zu verlieren (siehe auch die Ausführungen in Kapitel 7).

Im Folgenden sollen abschließend die verschiedenen Einsatzmöglichkeiten des EMBI aufgezeigt und illustriert werden. Aufgrund seines spezifischen Konzepts lässt sich das EMBI flexibel in unterschiedlichen Konstellationen förderdiagnostisch integrieren und schulisch wie außerschulisch einsetzen.

6. Einsatzmöglichkeiten

Die vorliegende Fassung des *Elementarmathematischen Interviews*, die speziell für den vorschulischen Einsatz konzipiert ist, bietet verschiedene Einsatzmöglichkeiten, die im Folgenden aufgezeigt werden sollen.

Die Zielgruppe dieses Interviews – insbesondere des V-Teils – sind Kinder im Alter zwischen drei und sechs Jahren. Auch drei- und vierjährige Kinder machen bereits Erfahrungen zu vielfältigen mathematischen Inhalten. Erprobungen des EMBI V-Teils mit Drei- und Vierjährigen zeigen, dass sie bereits über Fähigkeiten und Fertigkeiten zu vielen Teilbereichen verfügen. Daher kann der Einsatz des *EMBI-KiGa* bereits in dieser Altersgruppe sinnvoll sein, z.B. bei ausgewählten Kindern, die schon durch elaborierte Kompetenzen im Umgang mit Mengen und Zahlen auffallen oder bei Kindern, bei denen sich im Alltag nur schwer eine diesbezügliche Auseinandersetzung beobachten lässt. Mit Hilfe des Interviews lässt sich differenziert erheben, was diese Kinder schon können und was ggf. auch noch nicht, um sie gemäß ihrer individuellen Fähigkeiten und Interessen bereits vorschulisch angemessen unterstützen und begleiten zu können.

Um alle Kinder in ihrer individuellen Lernentwicklung geeignet begleiten zu können, kann das *EMBI-KiGa* mit allen Kindern einer altersgemischten Lerngruppe durchgeführt werden. Ebenso ist aber auch ein schwerpunktmäßiger Einsatz bei Kindern im Alter zwischen fünf und sechs Jahren im letzten Kindergartenjahr vor der Einschulung oder bei Kindern in Vorschulklassen möglich.

Bei Kindergartenkindern im letzten Kindergartenjahr ist der Einsatz des *EMBI-KiGa* im Sinne eines Screenings zur frühzeitigen Erkennung von potenziellen Risikokindern in Bezug auf das schulische Mathematiklernen (siehe dazu Kap. 2.4) sinnvoll. So können ein Erfahrungsmangel oder Entwicklungsverzögerungen, die sich negativ auf eine altersgemäße Entwicklung von Mengen- und Zahlenkompetenzen und somit sehr wahrscheinlich auch auf den späteren Schulerfolg im Fach Mathematik auswirken, frühzeitig erkannt und mit speziellen Förderangeboten aufgefangen werden. Idealerweise sollte das *EMBI-KiGa* ca. ein Jahr vor Einschulung durchgeführt werden, um im Detail zu erheben, in welchen Bereichen die angehenden Schulkinder im verbleibenden Kindergartenjahr ggf. noch Unterstützung brauchen. Es kann ferner zur Überprüfung des Erfolgs von evtl. individuellen Fördermaßnahmen wiederholt eingesetzt werden. Bewährt hat sich die halbjährliche Durchführung, d.h. ca. ein Jahr vor Einschulung, um den Jahreswechsel herum und dann noch einmal kurz vor der Einschulung – zu diesem Zeitpunkt vielleicht in Zusammenarbeit mit der abnehmenden Grundschule.

Ideal ist die Zusammenarbeit von Kindergarten und Grundschule beim Übergang. Hat bereits die Erzieherin/der Erzieher mit dem *EMBI-KiGa* gearbeitet, können entsprechende Beobachtungen, Befunde und evtl. Förderbemühungen (unter Einbeziehung und mit Einverständnis der Eltern) leicht mit der Grundschullehrkraft ausgetauscht werden, die dann wiederum bei ihren diagnostischen Bemühungen einen entsprechenden Ansatzpunkt hat. Für Kinder wird darüber hinaus der Übergang vom Kindergarten zur Grundschule sicherlich positiv unterstützt, wenn ihnen im Anfangsunterricht Aktivitäten und Materialien begegnen, die sie bereits aus dem Kindergarten kennen.

Besonders im Teil A ist das Interview zudem auch stark nach oben hin differenzierend, denn hier werden mit den Aufgaben A 4 bis A 6 auch elaboriertere Zählkompetenzen erfasst, die von der Mehrheit der Fünf- bis Sechsjährigen noch nicht zu erwarten sind (vgl. dazu auch diesbezügliche empirische Befunde unter Abschnitt 3.1). Der V-Teil hingegen differenziert angemessen im unteren Leistungsbereich – vor allem bei Kindern kurz vor dem Schulanfang. Daher liegt mit dem *EMBI-KiGa* ein Verfahren vor, das geeignet ist für den Einsatz mit *allen* Kindern unabhängig von ihrer individuellen Begabung und Entwicklung und das nicht an den speziellen Bedürfnissen einer Teilgruppe ausgerichtet ist – auch wenn es sicherlich besondere Stärken in Bezug auf die Identifizierung und entsprechende Förderung von potenziellen Risikokindern hat.

Last but not least berichten Kolleginnen, die mit dem EMBI in ihren Einrichtungen schon eine Zeit lang gearbeitet haben, dass sich die detaillierten Befunde des Interviews sehr hilfreich bei der Dokumentation der Entwicklung des mathematischen Denkens und auch als fundierte Grundlage bei Elterngesprächen erwiesen haben. So zeigten sich viele Eltern an den umfassenden und präzisen Informationen zur Lernentwicklung ihrer Kinder interessiert – zumal diese Art von Befunden bezogen auf das einzelne Kind eine ideale Grundlage für die Entwicklung von individuellen Förderplänen liefert (siehe dazu Kapitel 7).

7. Frühe mathematische Förderung

So wichtig eine gründliche fachbezogene Diagnostik ist, um – nicht nur, aber besonders auch – potenzielle Risikokinder für das schulische Mathematiklernen frühzeitig zu fördern, so sind doch die gezielte Beobachtung und Dokumentation der individuellen Entwicklung mathematischen Denkens noch nicht hinreichend. Gerade Kinder, bei denen aufgrund der diagnostischen Befunde die Vermutung besteht, dass sie der Risikogruppe angehören, brauchen eine angemessene mathematische Förderung, die bereits im Kindergarten beginnt und die idealerweise in der Grundschule fortgesetzt wird. Diagnose und Förderung sind daher zwei Seiten einer Medaille und sollten Hand in Hand gehen. Anhand von drei Fallbeispielen aus unserer Begleitstudie (vgl. Peter-Koop et al. 2008 sowie Kap. 2.4) soll daher im Folgenden zum einen exemplarisch aufgezeigt werden, wie mit Hilfe des *EMBI-KiGa* erhobene diagnostische Befunde in individuelle Förderpläne umgesetzt werden können und wie nachhaltig sich die Förderung im Kindergarten für die späteren schulischen Leistungen im Fach Mathematik erwiesen hat. Zum anderen sollen in einem zweiten Schritt zu den im V-Teil thematisierten Teilbereichen konkrete Fördermöglichkeiten für den Einsatz im Kindergarten aufgezeigt und anhand von Beispielen erläutert werden. Dabei wird deutlich, wie bereits das zum *EMBI-KiGa* gehörende Material nicht nur für die Diagnose, sondern auch in der Förderung eingesetzt werden kann.

7.1 Von diagnostischen Befunden zu Förderplänen

***Finn*[7]**

Finn ist ein aufgeweckter kleiner Junge im letzten Kindergartenjahr. Er interessiert sich besonders für Jiu-Jitsu. Dies betreibt er einmal pro Woche in einer Kindergruppe im Sportverein. Im Kindergarten spielt er gerne mit Autos und in der Bauecke. Außerdem tobt und bewegt er sich gerne beim Spielen, z. B. beim Fangen. Die Erzieherin, die seine Gruppe betreut, beschreibt ihn als pfiffig, wenn auch manchmal etwas hibbelig und nervös. Er freue sich auf die Schule und könne schon bis 25 zählen, berichtet sie der Studentin, die mit ihm im Rahmen einer Studie zur Früherkennung von möglichen Schwierigkeiten beim Mathematiklernen (vgl. Peter-Koop et al. 2008) diagnostische Interviews führen will. Er gilt als unauffällig, was seine bevorstehende Einschulung und besonders den Anfangsunterricht Mathematik betrifft.

Die Durchführung des *EMBI-KiGa* ein Jahr vor der Einschulung – Finn war zum Zeitpunkt der Befragung 5 Jahre und 8 Monate alt – lieferte hingegen folgendes Bild:

Finn kann Bärchen nach Farben sortieren (V 1a), eine Menge von vier Objekten auszählen (V 1b) und von zwei vorgegebenen Mengen die größere erkennen (V 1c). Er schafft es allerdings noch nicht, eine Reihe aus fünf Bären zu legen (V 1d) und die Aufgabe zur Mengenkonstanz (V 1e) zu lösen. Finn versteht die Lagebezeichnungen „daneben“, „hinter“, und „vor“ (V 2). Er kann in einem vorgegebenen Muster aus Bärchen die Farben benennen (V 3a), es gelingt ihm aber nicht, das vorgegebene Muster nachzulegen (V 3b), fortzusetzen (V 3c) oder zu erklären (V 3d). Bei der Aufgabe zu den Ordinalzahlen (V 4) kann er den dritten Bären in einer Reihe zeigen, aber nicht den fünften. Finn erfasst Mengen mit 2, 3 und 4 Elementen simultan, strukturierte Mengendarstellungen mit 5 und 9 Elementen kann er nicht erkennen (V 5). Bei Karten mit Punktefeldern bestehend aus 0, 2, 3, 4, 5 und 9 Punkten kann er nicht die entsprechenden Ziffernsymbole zuordnen (V 6). Ebenso kann Finn Zahlenkarten von 1 bzw. 0 bis 9 nicht der Reihenfolge nach ordnen (V 7a-b). Auch gelingt es ihm noch nicht, sechs Finger zu zeigen (V 8) sowie zu gegebenen Zahlen im Zahlenraum bis 9 Nachfolger (V 9a) oder Vorgänger (V 9b) zu bestimmen. Die Aufgabe zur Eins-zu-eins-Zuordnung (V 10) hingegen löst er. Es gelingt ihm noch nicht drei bzw. vier Bleistifte der Länge nach zu ordnen (V 11a-b).

Im Teil A „Zählen“ entspricht seine Leistung Ausprägungsgrad 0. Die Anzahl der Bären, in dem von ihm selbst gefüllten Bärenschachtel, schätzt er auf 5 (es befinden sich 22 Bären im Becher). Beim Auszählen kommt er nur bis 19. Auch das Aufsagen der Zahlenreihe gelingt ihm bis zur 19. Rückwärtszählen kann er noch nicht.

[7] vgl. dazu auch Grüßing, May & Peter-Koop (2007)

Zusammenfassend lässt sich feststellen, dass sich besondere Schwierigkeiten in den Bereichen *Mengeninvarianz, Mengen mit mehr als 5 Elementen darstellen und abzählen, Muster, Ordinalzahlen, Zuordnung von Zahlsymbolen zu Mengenbildern, Zahlen lesen und der Größe nach ordnen*, Bestimmung von *Nachfolger/Vorgänger* sowie bei der *Seriation* zeigen.

Ergänzend zum *EMBI-KiGa* wurde in der Studie auch der *Osnabrücker Test zur Zahlbegriffsentwicklung* (OTZ; van Luit, van de Rijt & Hasemann 2001) eingesetzt. Dieser Test erfasst die Zahlbegriffsentwicklung von Kindern im Alter von fünf bis sieben Jahren. Im OTZ erreichte Finn nur 8 von 40 Rohpunkten. Insbesondere in den Testteilen, die das Zählen betreffen, erzielte er fast keine Punkte. Sein Ergebnis entspricht dem Ergebnis der 10% schwächsten Kinder seiner Alterskohorte (Zahlbegriffsniveau E).

Zur Erinnerung: Die Erzieherin hatte darauf verwiesen, dass Finn bereits bis 25 zählen könne. Wie sind die abweichenden Befunde nun zu erklären? Bei der genaueren Beschäftigung der Studentin mit Finn im Rahmen der Diagnose stellte sich heraus, dass seine Zählkompetenzen in erster Linie auf das *verbale und asynchrone Zählen* bezogen waren, d.h. er konnte im Interview die Zahlwortreihe bis 19 aufsagen. Es wurde jedoch schnell deutlich, dass die Zahlwörter noch nicht eindeutig auf Mengen bezogen wurden, denn beim *synchronen Zählen* mit Hilfe der Bärchen hatte er noch Schwierigkeiten bei der Eins-zu-eins-Zuordnung, was dazu führte, dass einige Bärchen gar nicht, andere mehrfach gezählt wurden.

Nach der Auswertung sämtlicher Befunde wurde folgender Förderplan entwickelt. Dieser war zunächst auf die kommenden sechs bis acht Wochen ausgerichtet. Als Schwerpunkte für die Förderung wurden zentrale Bereiche ausgewählt, in denen Finn noch Schwierigkeiten hatte. Gleichzeitig wurden als Ansatzpunkte für die Förderung jeweils Anforderungsbereiche gewählt, in denen Finn schon erfolgreich war und die dann systematisch ausgebaut und erweitert werden konnten. Der hier dargestellte Förderplan enthält zunächst die gewählten Förderschwerpunkte sowie Vorschläge für Inhalte, Aktivitäten und Materialien. Die Umsetzung kann schließlich – wie im Fall von Finn – in Form eines zusätzlichen Angebots oder auch integriert in den Alltag erfolgen. In beiden Fällen bietet der Förderplan eine wichtige Orientierungshilfe.

Schwerpunkte	Inhalte und Aktivitäten	Materialien
Eins-zu-eins-Zuordnung	einem Gegenstand einen anderen zuordnen synchrones Zählen kleiner Mengen	Bärchen, Stifte, Holzwürfel etc. Nutzung von Alltagssituationen, wie z.B. einen Tisch decken
Zählaktivitäten	geordnete und ungeordnete Mengen bis 10 zählen, Mengen bilden, Zahlen lesen, simultanes Erfassen kleinerer Mengen (bis 5 Elemente) und quasi-simultanes Erfassen größerer Mengen (bis 10 Elemente) Ordinalzahlen	verschiedene Gegenstände, Punktefelder am Würfel Zahlen- und Punktekarten Zahlenstraße (Teppichfliesen mit den Zahlen 1–15) Bingo, Zahlenmemory, Domino
Vergleichen und Seriation	Vergleichen von Mengen, Reihenbildung	Bärchen, Punktekarten, Buntstifte, Knöpfe etc.
Mathematisches Sprachverständnis	Raum-Lage-Beziehungen Ordnungsrelationen (mehr – weniger, größer – kleiner) Vorgänger/Nachfolger	z.B. Bärchen Knöpfe, Bausteine etc. Zahlenstraße (Teppichfliesen)

Abb. 5: Förderplan für Finn (Teil 1)

Nach dieser Zeit wurden Fördererfolge kritisch evaluiert und der Förderplan für die folgenden zwei Monate fortgeschrieben. Auffällig ist in den ersten Wochen der Förderung, dass Finn Schwierigkeiten beim synchronen Zählen zeigt. Auch wenn Mengen strukturiert angeordnet sind, wie z.B. bei den Punktefeldern des Würfels, zählt er die Punkte nicht strukturiert und synchron. Er tippt vielmehr oft zweimal auf einen Punkt und erhält so die falsche Anzahl. Auch fängt er nicht immer an einer geeigneten Stelle an (z.B. beim Sechserpunktefeld oben links) und fährt die Struktur dann mit dem Finger ab. Das Erkennen und Nutzen solcher Strukturen beim (quasi-)simultanen Erfassen und Zählen sowie das synchrone Zählen sind daher Schwerpunkte der zweiten Fördereinheit. So gelingt nach und nach das Auszählen von Mengen mit ca. 20 Elementen und nun auch zumindest das Nachlegen eines Musters. Erfolgreich ist Finn zudem beim Benennen von Nachfolger und Vorgänger im Zahlenraum bis 10. Trotz zahlreicher Übungen hat Finn jedoch auch am Ende der Förderung kurz vor Schulbeginn nach wie vor Schwierigkeiten mit der Reihenbildung. Er schafft es nach wie vor noch nicht, drei bzw. vier Bleistifte der Länge nach vom kleinsten zum größten Stift zu sortieren (vgl. die Befunde der erneuten Durchführung des *EMBI-KiGa* vor der Einschulung in Abb. 8). Aus Zeitgründen konnte Teil A nicht erneut durchgeführt werden. Daher liegen hierzu keine Angaben vor.

Beim OTZ zeigt Finn nach wie vor eher schwache Leistungen. Ein gutes Jahr vor der Einschulung erreicht er bei der erneuten Durchführung des OTZ – Finn ist nun 6 Jahre und 4 Monate alt – 22 von 40 möglichen Rohpunkten, die im Vergleich zu seiner Altersgruppe Zahlbegriffsniveau D entsprechen. Er gehört somit immer noch zu den schwächsten 25 % seiner Altersgruppe, hat aber mehr Punkte erreicht als die schwächsten 10 %. Hätte er allerdings eine Aufgabe mehr richtig gelöst und entsprechend einen Rohwert von 23 Punkten erzielt, wäre seine Leistung in seiner Altersgruppe dem Zahlbegriffsniveau C zuzuordnen gewesen. Er gehört innerhalb der Kinder in Zahlbegriffsniveau D also zu den besten Kindern unmittelbar an der Grenze zu Niveau C.

Bei Einschulung ist Finn trotz seiner vor allem im *EMBI-KiGa* gezeigten Leistungsverbesserungen aufgrund des relativ schwachen Ergebnisses beim OTZ nach wie vor tendenziell zur Gruppe der potenziellen Risikokinder in Bezug auf das schulische Mathematiklernen zuzuordnen, d.h. es ist ihm zu wünschen, dass er im Anfangsunterricht genau beobachtet und von der Lehrkraft gezielt unterstützt wird.

Marie

Ein knappes Jahr vor ihrer Einschulung wird Marie von ihrer Erzieherin als freundliches und soziales Kind beschrieben, dass die Gefühle anderer nachvollziehen könne. Sie male und bastele gern und könne auch alleine lange und ruhig spielen. Marie könne sich gut konzentrieren, reagiere aber bei auftretenden Schwierigkeiten schnell frustriert. In den Bereichen Grob- und Feinmotorik habe sie sich verbessert, müsse aber weiterhin gefördert werden. Auch bedürfe ihre Sprachfähigkeit einer speziellen Förderung; Marie sei diesbezüglich in ergotherapeutischer Behandlung. Über Maries mathematische Fähigkeiten weiß die Erzieherin nicht viel zu berichten. Ihr sei lediglich aufgefallen, dass Marie Schwierigkeiten bei der Benennung von Raum-Lage-Beziehungen habe.

Bei der Durchführung des *EMBI-KiGa* zehn Monate vor der Einschulung war Marie 5 Jahre und 5 Monate alt. Die Befragung lieferte folgende Befunde:

Marie kann Bärchen nach Farben sortieren (V 1a), eine Menge von vier Objekten auszählen (V 1b), von zwei vorgegebenen Mengen die größere erkennen (V 1c) und eine Reihe aus fünf Bären legen (V 1d). Die Aufgabe zur Mengenkonstanz (V 1e) kann sie hingegen noch nicht lösen. Marie versteht die Lagebezeichnungen „daneben" und „hinter", aber nicht die Bedeutung von „vor" (V 2). Sie kann die Farben der Bärchen im vorgegebenen Muster benennen (V 3a), schafft es aber noch nicht, das vorgegebene Muster nachzulegen (V 3b), fortzusetzen (V 3c) oder zu erklären (V 3d).

Bei der Bestimmung von Ordinalzahlen (V 4) nennt sie scheinbar willkürlich Zahlen. Marie erfasst Mengen mit zwei oder drei Elementen simultan, strukturierte Mengendarstellungen mit vier, fünf und neun Elementen kann sie nicht erkennen (V 5). Bei Karten mit Punktefeldern bestehend aus

0, 2, 3, 4, 5 und 9 Punkten kann sie nicht die entsprechenden Zahlsymbole zuordnen (V 6). Ebenso kann sie Zahlenkarten von 1 bzw. 0 bis 9 nicht der Reihenfolge nach ordnen (V 7a-b). Auch gelingt es ihr noch nicht, sechs Finger zu zeigen (V 8) sowie zu gegebenen Zahlen im Zahlenraum bis neun Nachfolger (V 9a) oder Vorgänger (V 9b) zu bestimmen. Die Aufgabe zur Eins-zu-eins-Zuordnung gelingt (V 10). Auch kann Marie drei Stifte der Länge nach ordnen (V 11a), bei vier Stiften (V 11b) hingegen klappt das nicht. Marie kann die Zahlwortreihe bis 17 aufsagen, das Rückwärtszählen gelingt jedoch noch nicht. Sie schätzt eine Anzahl von 26 Bärchen im Bärenschachtel auf 2. Beim Versuch, diese Menge auszuzählen, ist 13 die letzte richtige Zahl. Entsprechend ist sie im Teil A „Zählen" im Ausprägungsgrad 0.

Zusammenfassend lässt sich festhalten, dass sich erhebliche Schwierigkeiten zeigen in den Bereichen *Bezeichnungen für Raum-Lage-Beziehungen, Muster, Ordinalzahlen, Zuordnung von Ziffern zu Mengenbildern, Zahlen lesen und Zahlen der Größe nach ordnen*, Bestimmung von *Nachfolger/Vorgänger* und auch *Reihenbildung* (Seriation), wenn mehr als drei Objekte gegeben sind.

Während Marie beim *EMBI-KiGa* einen ähnlichen Befund wie Finn zeigt, schneidet sie beim OTZ etwas besser ab. Hier erreicht sie 15 von 40 Rohpunkten, dies entspricht in ihrer Altersgruppe dem Ergebnis der schwächsten 25 % ihrer Alterskohorte (Zahlbegriffsniveau D). Neben dem Bereich *Klassifizieren* erreicht sie beim OTZ im Bereich *Anwenden von Zahlenwissen* die meisten Punkte. Allerdings liegen ihre gezeigten Leistungen sehr deutlich unter denen der meisten Kinder ihrer Altergruppe. Sie wird daher – wie Finn auch – ein Jahr vor Einschulung der Gruppe der potenziellen Risikokinder zugeordnet und erhält eine vorschulische Förderung.

Grundlage der Förderung war wiederum ein individueller Förderplan basierend auf den erhobenen diagnostischen Befunden. Der Förderplan für die erste von insgesamt vier sechswöchigen Fördereinheiten sah wie folgt aus:

Schwerpunkte	Aktivitäten / Material
Bezeichnungen für Raum-Lage-Beziehungen	z. B. anhand eines Spiels „Wo steht der Teddy?" Präpositionen für Raum-Lage-Beziehungen wie „vor", „hinter", „neben", „in", „auf", „unter", „über" benutzen und ggf. klären
Zählen im Zahlenraum bis 10	Zählen von geordneten und ungeordneten Mengen diverser Gegenstände (z. B. Bärchen, Legosteine, Spielfiguren) Zahlsymbole von 1 – 10 benennen Zahl-Mengen-Zuordnung – Zahlenmemory (auf der einen Karte steht das Zahlsymbol, auf der anderen ein entsprechendes Mengenbild) – Würfelbilder – Domino – auf Teppichfliesen mit Zahlen eine entsprechende Menge von Objekten legen – Nennen von Nachfolger und Vorgänger
Seriation	Buntstifte, Kerzen, Knöpfe von klein nach groß ordnen Mengenbilder der Anzahl nach ordnen Zahlenkarten von 1 bis 10 der Größe nach ordnen
Ordinalzahlen	Verschiedene Rangplätze zeigen und benennen, z. B. bei – Bärenreihe – Perlenkette Lernen eines Zählreims

Abb. 6: Erster Teil des Förderplans für Marie

Auch dieser Plan wurde entsprechend fortgeschrieben. Schwerpunkte der zweiten Fördereinheit waren erneut Zählaktivitäten – diesmal allerdings bereits im Zahlenraum bis 20 – sowie nochmals Aktivitäten zu Raum-Lage-Beziehungen und zur Seriation, weil sich diese Bereiche als durchaus schwierig für Marie herausgestellt hatten. In der dritten und vierten Fördereinheit lag ein Schwerpunkt nach wie vor auf Zählaktivitäten im Zahlenraum bis 20 – einbezogen war nun auch das Rückwärtszählen und das Weiterzählen von verschiedenen Startzahlen sowie nach wie vor Übungen zur Reihenbildung und zum Nachlegen, Fortsetzen und Erklären von Mustern.

Ein gutes Jahr vor der Einschulung, Marie ist nun 6 Jahre und 3 Monate alt, zeigt die wiederholte Durchführung des *EMBI-KiGa* deutliche Lernerfolge in Bezug auf Maries Kompetenzen im Umgang mit Mengen und Zahlen (siehe auch Abb. 8). Marie gelingt nun die Zuordnung von Zahlen zu Mengenbildern (V 6), ebenso kann sie Zahlsymbole auf den Zahlenkarten von 1 bis 9 lesen und diese Zahlen der Größe nach ordnen (V 7a). Auch die Aufgaben zum Teil-Ganzes-Schema (V 8) und zu Ordinalzahlen (V 4) löst sie nun – wenn auch mit einigen Mühen beim Zeigen des fünften Bärchens in einer Reihe. Beim Zählen erreicht sie Ausprägungsgrad 2, d. h. sie kann eine Menge mit ca. 20 Elementen sicher zählen – bei der ersten Überprüfung war hier nur Ausprägungsgrad 0 festzustellen.

Schwierigkeiten, wenn auch schon erste Verbesserungen, zeigen sich allerdings weiterhin bei Aufgaben V 9 zur Bestimmung von Vorgänger/Nachfolger (die Nachfolger von 4 und 10 werden bereits korrekt benannt, ebenso der Vorgänger von 3) und auch bei der Seriation (V 11b). Interessant ist hier, dass es ihr sehr wohl gelingt, die Zahlenkarten von 1 – 9 aufsteigend der Größe nach zu ordnen, während es ihr nach wie vor Probleme bereitet, vier Kerzen der Größe nach zu ordnen (bei nur drei Kerzen gelingt ihr das). Bei der Aufgabe zur Simultanerfassung (V 5) wählt sie bei den beiden Mengen mit fünf bzw. neun Elementen eine Zählstrategie, indem sie die Punkte des gespeicherten Bildes vor ihrem inneren Auge zählt und jeweils einen Zählfehler um + 1 macht. Die kleineren Mengen erfasst sie korrekt.

Beim OTZ zeigen sich ebenfalls Verbesserungen. Marie erreicht nun 25 von 40 Rohpunkten. Dies entspricht dem Zahlbegriffsniveau C, d. h. sie gehört in ihrer Altergruppe zu den 25 %, die zwar noch unter dem Durchschnitt liegen, aber bessere Leistungen zeigen als die schwächsten 25 %. Allerdings würde man Marie bei Einschulung aufgrund der im *EMBI-KiGa* wie im OTZ gezeigten Leistungen nicht mehr der akuten Risikogruppe zuordnen. Trotzdem wäre es sicher wünschenswert, dass die Grundschullehrkraft die Entwicklung ihrer mathematischen Fähigkeiten sorgsam beobachtet und ggf. frühzeitig unterstützend eingreift.

Gülsah[8]

Als wir Gülsah ein knappes Jahr vor ihrer Einschulung kennen lernen, ist sie 6 Jahre und 1 Monat alt. Sie geht sehr gerne in den Kindergarten, freut sich aber auch schon auf die Schule. Wie bereits der Name vermuten lässt, ist Gülsah ein sogenanntes Kind mit Migrationshintergrund. Ihre kurdischen Eltern sind Ende der 1980er Jahre mit ihren Familien aus einem ostanatolischen Dorf nach Deutschland geflohen und besitzen inzwischen die deutsche Staatsangehörigkeit. Gülsah spricht in Alltagssituationen zu Hause und in der Kita fließend und akzentfrei Deutsch sowie auch Kurdisch und versteht auch einige türkische Wörter. Deutsch spricht sie nach Angabe der Mutter und der Erzieherin lieber, häufiger und auch besser als Kurdisch. Bei der ein Jahr vor Einschulung im Kindergarten durchgeführten Sprachstandserhebung „Fit in Deutsch" wurde ihr Sprachstand jedoch als unzulänglich eingestuft, vorwiegend auf Grund ihres Kommunikationsverhaltens. Sie reagierte nur zögerlich, antwortete zwar meist sachlich angemessen, jedoch kaum in ganzen Sätzen. Aus diesem Grund erhält sie eine vorschulische Sprachförderung. Während Gülsahs deutsche Alltagssprache gut entwickelt ist, hat sie teilweise Schwierigkeiten beim Verständnis mathematischer Fachsprache. Begriffe wie *Dreieck, Viereck, Rechteck* sowie vergleichende Begriffe wie

8 vgl. Grüßing & Schmitman gen. Pothmann (2007)

höher, niedriger bzw. Anweisungen wie *„ordne von groß nach klein"* und auch die Wörter für Ordinalzahlen sind ihr nicht bekannt. Sie hat ferner teilweise Probleme mit dem Verständnis von Präpositionen und kann mehrstufige Anweisungen, wie beispielsweise „zeige auf alle Männer, die eine Tasche, aber keine Brille haben" nicht befolgen.

Exkurs im Zusammenhang zwischen mathematischen und sprachlichen Kompetenzen

Beim (frühen) Mathematiklernen sind auch die sprachlichen Kompetenzen von Kindern für den Aufbau mathematischen Wissens von Bedeutung. Insbesondere bei der Verwendung und Unterscheidung von *kognitiv-akademischer* (d.h. fachsprachlicher) und *alltagsbezogener Sprachfähigkeit* (vgl. Cummins 1982) können diverse Schwierigkeiten auftreten (siehe u.a. Grüßing & Schmitman gen. Pothmann 2007).

Als Fachwörter werden zum einen Wörter verwendet, die in der Alltagssprache nicht existieren (z.B. *Primzahl, Teiler*) oder die in der Alltagssprache in gleicher oder ähnlicher Bedeutung benutzt werden (z.B. *gleich, Dreieck*). Zum anderen gibt es Wörter in der Alltagssprache, die in der Fachsprache eine abweichende Bedeutung haben (z.B. 2 ist eine *gerade* Zahl, die Linie ist *gerade*, ich bin *gerade* angekommen, zeichne eine *Gerade*, wir sind *gleich* groß, ich komme *gleich*). Hinzu kommt, dass ähnliche Begriffe für unterschiedliche Sachverhalte verwendet werden (z.B. *zählen* und Zahlen, *dreizehn* und *dreißig*).

Die Lernprobleme, die durch das Einbringen alltagssprachlicher Begriffsdeutungen und ihre mangelhafte Bearbeitung und Klärung in Kita und (Grund-)Schule entstehen, verdeutlichen das Spannungsverhältnis zwischen mathematischer Fach- und Alltagssprache.

Bei mehrsprachigen Kindern wie Gülsah kommen ferner komplexe Wechselwirkungen zwischen Erst- und Zweitsprache beim Begriffserwerb hinzu, die den Erwerb mathematischer Kompetenzen teilweise erschweren können. Hohe Fähigkeiten in der Erstsprache scheinen dabei den sprachlichen und somit auch den mathematischen Kompetenzerwerb in der Zweitsprache zu begünstigen.

Während Gülsah im eher sprachlastigen OTZ nur 20 von 40 Rohpunkten erreicht und damit Zahlbegriffsniveau D (sie gehört demnach zu den 15% ihrer Altersgruppe, die mehr als die schwächsten 10% erreicht haben, aber weniger als 75% der Kinder dieser Altersgruppe), schneidet sie beim materialgestützten und daher sprachlich entlastenden *EMBI-KiGa* (vgl. 3.2) deutlich besser ab (vgl. auch Abb. 8). Die ersten Aufgaben (V1a–e–V2) kann sie problemlos bearbeiten. Schwierigkeiten treten erst auf, als sie bei Aufgabe V3c das Bärenmuster fortsetzen und erklären (V3d) soll. Sie kann ferner noch nicht den dritten und den fünften Bären zeigen (V4). Die Punktmengen in V5 kann sie bis auf die Menge mit den 9 Punkten erkennen und den gegebenen Mengen die entsprechenden Zahlenkarten mit Ausnahme der Null zuordnen (V6). Auch die Anordnung der Zahlsymbole von 1–9 von klein nach groß gelingt. Die Null legt sie hingegen hinter die 6 (V7). Bei der Aufgabe zu Teil-Ganzes-Beziehungen (V8) kann Gülsah sechs Finger nur auf eine Weise zeigen (5 + 1). Die Nachfolger der Zahlen 4 und 10 kann sie benennen, nicht jedoch den Nachfolger von 15 sowie die Vorgänger der Zahlen 3, 12 und 20 (V9). Die Aufgaben V10 zur Eins-zu-eins-Zuordnung sowie V11 zur Seriation löst sie wieder ohne Probleme. Im Teil A erreicht sie Ausprägungsgrad 2. Sie schätzt die Bärchenanzahl auf 17 und zählt dann die vorhandenen 22 Bärchen richtig aus. Das Vorwärtszählen gelingt ihr bis 29, Rückwärtszählen kann sie noch nicht.

Aufgrund ihres schwächeren Abschneidens beim OTZ und den offensichtlichen fachsprachlichen Schwierigkeiten wurde Gülsah im Rahmen unserer Studie der Gruppe der potenziellen Risikokinder für das schulische Mathematiklernen zugeordnet und in der verbleibenden Zeit bis zum Schulanfang wöchentlich von einer Studentin gefördert, die auf der Grundlage der interviewbasierten Befunde einen speziellen Förderplan für Gülsah entwickelte. Inhaltliche Schwerpunkte der Förderung waren die Festigung des Zählens, der Umgang mit Ordinalzahlen sowie die Bestimmung des Vorgängers und Nachfolgers einer Zahl. Einen weiteren Schwerpunkt bildete später die geometrische Begriffsbildung durch den spielerischen Umgang mit Kreisen, Quadraten, Rechtecken und Dreiecken. Die folgende Abbildung zeigt den ersten Teil des Förderplans für Gülsah. Wie auch bei Finn und Marie wurde bewusst an den bereits gezeigten Fähigkeiten angesetzt und diese systematisch weiter ausgebaut und um neue Fähigkeiten und neues Wissen erweitert.

Schwerpunkte	**Aufgaben/ Aktivitäten**	**Material**
Zählen/Zahlvorstellung **(Verbindung von Mengen und Zahlen)**	*Fühle die Anzahl der Bärchen und lege die passende Zahlenkarte auf den Fühlsack.* *Finde die Pärchen. Zu jeder Zahlenkarte gehört eine Punktekarte.*	Mit verschiedenen Anzahlen von Bären gefüllte Säckchen und entsprechende Zahlenkarten Zahlen-Punktefelder-Memory (selbst gebastelt)
Mathematisches Sprachverständnis **– Ordinalzahlen** **– Ordnungsrelationen**	*Wer ist der erste, der zweite, der dritte … Läufer im Ziel?* *Auf welchem Bild wurde von klein nach groß geordnet?*	Spiel: Wettlaufen (mit Kindern der Gruppe sowie auch mit Spielfiguren) Verschiedene Bilder von geordneten und ungeordneten Gegenständen (Kerzen, Bonbonstangen, Stöckchen …)
Teil-Ganzes-Beziehungen	*Lege 4 (6, 8, 10, 12) Eier in zwei verschiedenen Farben in den Karton.* *Wie viele rote und wie viele blaue Eier hast du gelegt?* *Geht das auch noch anders?*	Eierkarton, rote und blaue Plastikeier

Abb. 7: Förderplan für Gülsah (Teil 1)

Im Folgenden lag ein Förderschwerpunkt auf dem Vorwärts- und Rückwärtszählen und der Bestimmung von Nachfolger und Vorgänger. Da sich diesbezüglich besondere sprachliche Herausforderungen ergeben, soll auf diesen Aspekt im Detail eingegangen werden.

Als Material hat sich in diesem Zusammenhang die „Zahlenstraße" aus Teppichfliesen bewährt. Auf den Teppichfliesen finden sich die Zahlen von 1 bis 15 bzw. 20. Mit Hilfe der Farbgebung kann eine Fünferstruktur hervorgehoben werden. Durch bewegungsorientierte Aktivitäten wird die Entwicklung eines flexiblen Umgangs mit der Zahlwortreihe unterstützt.

Für Gülsah wurden verschiedene Förderaktivitäten auf der Zahlenstraße ausgewählt. Einen Schwerpunkt bildeten Zählübungen, um den Erwerb der Zahlwortreihe weiter zu festigen. Das flexible Vorwärts- und Rückwärtszählen sowie das Zählen in Zweier- und Dreierschritten wurde durch das Gehen bzw. Springen auf der „Zahlenstraße" unterstützt. Mit dem Weitergehen um eine gewürfelte Augenzahl wurde auch das Weiterzählen von unterschiedlichen Startzahlen aus gefördert. Diese Aktivitäten ließen sich sehr gut mit einer kleinen Gruppe von Kindern durchführen, sodass Gülsah durch die spielerischen Einbettung während der Förderung auch den Kontakt mit anderen Kindern hatte.

Um das Verständnis der Präpositionen „vor" und „nach" zu festigen und damit Grundlagen für die Orientierung im Zahlenraum zu legen, bildete die handlungsorientierte Erarbeitung dieser Begriffe mit Hilfe der „Zahlenstraße" einen weiteren Schwerpunkt. Dabei spielte der reflektierte Umgang mit Sprache eine besondere Rolle: „Welche Zahl kommt beim Gehen auf der Zahlenstraße *vor* bzw. *nach* einer anderen?" Hier kann auch die Bedeutung des Wortes „vor" Schwierigkeiten bereiten. Ich gehe einen Schritt *vor* und gelange zum *Nachfolger* einer Zahl. Es ist daher hilfreich, die Begriffe „Zahl davor" und die „Zahl danach" bzw. die „nächste Zahl" zu verwenden. „3 ist die Zahl, die *nach* 2 kommt und *vor* 4. Daher ist 3 der *Nachfolger* von 2 bzw. der *Vorgänger* von 4".

Bei einer erneuten Überprüfung im Anschluss an die Förderung konnte Gülsah ihre Leistungen deutlich steigern. Beim *EMBI-KiGa* gelingt es ihr jetzt, die Nachfolger von 4, 10 und von 15 sowie den Vorgänger von 3 zu bestimmen. Das Benennen des Vorgängers einer Zahl $\geq$ 10 ist weiterhin schwierig für sie. Ein gegebenes Muster kann sie jetzt nicht nur nachlegen, sondern auch fortsetzen. Sie kann es jedoch noch nicht erklären. Der Umgang mit Ordinalzahlen bereitet ihr hingegen keine Schwierigkeiten mehr. Ihre Stärken im Umgang mit Mengen und beim Zählen konnte sie festigen und weiter ausbauen. Im Zahlenraum bis 10 zählt Gülsah bereits rückwärts und in Zweierschritten. Insbesondere beim Bestimmen von Vorgänger und Nachfolger, beim Umgang mit Ordinalzahlen und beim Zählen sind deutliche Fortschritte mit Bezug zu den gewählten Förderschwerpunkten zu erkennen. Im Bereich Zählen erreicht sie erneut Ausprägungsgrad 2. Wiederum gelingt ihr das Vorwärtszählen bis 29, diesmal aber auch schon das Rückwärtszählen von 10 bis 0.

Auch die erneute Durchführung des OTZ (Gülsah ist nun 6 Jahre und 10 Monate alt) zeigt sehr deutliche Leistungsverbesserungen im mathematischen wie auch besonders im fachsprachlichen Bereich. Sie erreicht nun 34 von 40 Rohpunkte. Dies entspricht Niveau A der Zahlbegriffsentwicklung, d.h. Gülsah gehört nun zu den besten 25 % ihrer Altersgruppe. Bei Schulbeginn gehört sie aufgrund der Befunde in beiden diagnostischen Verfahren definitiv nicht mehr zur Risikogruppe.

Doch wie haben sich die mathematischen Leistungen der drei Kinder im Anfangsunterricht weiterentwickelt. Halten die positiven Tendenzen an oder zeigen sich Rückschläge? Abschließend sollen daher kurz weitere Befunde der Studie dargestellt werden.

Entwicklung der mathematischen Leistungen im Anfangsunterricht

In Abbildung 8 sind die Ergebnisse der jeweils zweifachen Durchführung des *EMBI-KiGa* bei Finn, Marie und Gülsah zusammenfassend dargestellt. Die individuellen Leistungsverbesserungen werden anhand der grafischen Übersicht noch einmal besonders deutlich. Diese sind jedoch nicht allein an Fördererfolgen festzumachen. Auch die zunehmende kognitive Entwicklung der Kinder wirkt sich hier sicherlich mit aus. Doch diese Effekte lassen sich in Einzelfallstudien nicht voneinander trennen. Bei der statistischen Betrachtung größerer Gruppen wäre der Vergleich mit einer nicht geförderten Kontrollgruppe mit gleichen Ausgangsbedingungen nötig.

Name des Kindes	weitere Angaben (z.B. zum Alter, Sprachstand)	**Umgang mit Mengen:** Sortieren nach Farbe	Anzahl gelbe Bären	Anzahlen vergleichen	5 blaue Bären abzählen	Mengenkonstanz	**Raum-Lage-Bezeichnungen**	**Umgang mit Mustern:** Farbe nennen	Muster nachlegen	Muster fortsetzen	Muster erklären	**Ordinalzahlen**	**Simultanes Erfassen**	**Zahl-Mengen-Zuordnung**	**Anordnung Zahlsymbole:** 1 – 9	0 - 9	**Teil-Ganzes-Beziehungen**	**Nachfolger**	**Vorgänger**	**Eins-zu-eins-Zuordnung**	**Seriation:** 3 Stifte	4 Stifte	**Erreichter Ausprägungsgrad im Teil A: Zählen**
		1a	1b	1c	1d	1e	2	3a	3b	3c	3d	4	5	6	7a	7b	8	9a	9b	10	11a	11b	
Finn	5J 8M	√	√	√	–	–	√	√	–	–	–	o	o	–	–	–	–	–	–	√	–	–	A0
	6J 4M	√	√	√	√	–	√	√	√	–	–	√	√	√	–	–	o	o	o	√	–	–	k.A.
Marie	5J 5M	√	√	√	√	–	o	√	–	–	–	–	o	–	–	–	–	–	–	√	√	–	A0
	6J 3M	√	√	√	√	√	o	√	√	√	√	√	o	√	√	–	√	o	o	√	√	–	A2
Gülsah	6J 1M	√	√	√	√	√	√	√	√	–	–	–	o	o	√	–	o	o	–	√	√	√	A2
	6J 10M	√	√	√	√	√	√	√	√	√	–	√	√	√	√	√	√	√	o	√	√	√	A2

Richtig gelöst: √ Teilweise gelöst: o Falsch gelöst oder nicht beantwortet: –

Abb. 8: Befunde EMBI-KiGa ein Jahr sowie unmittelbar vor der Einschulung

Die spannende Frage für uns war, ob und inwieweit die Fördererfolge nachhaltig waren, d.h. welche Leistungen die geförderten Kinder in der Schule zeigten. Daher wurden alle Förderkinder mit ihren gesamten Klassen sowohl am Ende des ersten als auch des zweiten Schuljahrs mit Hilfe des *Deutschen Mathematiktest für erste bzw. zweite Klassen* (DEMAT 1+, Krajewski, Küspert & Schneider 2002; DEMAT 2+, Krajewski, Liehm & Schneider 2004) überprüft. Mit den Förderkindern wurde zudem erneut das *EMBI Zahlen und Operationen* durchgeführt.

In Bezug auf Finn, Marie und Gülsah ergaben sich folgende Entwicklungen:

Bei der Durchführung des DEMAT 1+ am Ende der ersten Klasse erreichte Finn 23 von 36 Punkten, Marie nur 9 Punkte, Gülsah hingegen sogar 27 Punkte. Der erreichte Mittelwert der Gruppe der geförderten Risikokinder (40 Kinder)[9] betrug 18,6 Punkte, der Mittelwert der Gesamtgruppe (1916 Kinder) betrug 25,6 Punkte. Sowohl Finn als auch vor allem Gülsah liegen demnach deutlich über den durchschnittlichen Leistungen der geförderten Risikokinder. Gülsah liegt mit ihrem Ergebnis sogar über dem Mittelwert der Gesamtgruppe, die Kinder des gesamten Leistungsspektrums repräsentiert. Die geringe Punkteanzahl, die Marie im DEMAT 1 erreicht hat, war für uns überraschend. Ihre Leistungen im OTZ und *EMBI-KiGa* unmittelbar vor Einschulung waren unauffällig. Vergleicht man die erreichten Ausprägungsgrade im *EMBI Zahlen und Operationen* für Finn, Marie und Gülsah (siehe Abb. 9), das ebenfalls am Ende des ersten Schuljahres mit allen drei Förderkindern durchgeführt wurde, so fällt auf, dass die erreichten Werte hier sehr ähnlich sind.

	Zählen	Stellenwerte	Add./Subt.	Mult./Div.
Finn – Ende Klasse 1	A2	B2	C3	D2
Finn – Ende Klasse 2	A2	B2	C3	D2
Marie – Ende Klasse 1	A2	B1	C2	D2
Marie – Ende Klasse 2	A4	B1	C4	D2
Gülsah – Ende Klasse 1	A2	B2	C4	D3
Gülsah – Ende Klasse 2	k.A.[10]	k.A.	k.A.	k.A.

Abb. 9: Befunde EMBI Zahlen und Operationen am Ende der Klassen 1 und 2

9 Von den insgesamt 73 Risikokindern sind am Ende des ersten Schuljahres noch 40 Kinder verblieben. Einige der Risikokinder wurden von der Einschulung zurückgestellt, besuchen eine Förderschule oder sind verzogen. Am Ende des zweiten Schuljahres waren noch 30 ehemalige Förderkinder in der untersuchten Stichprobe.

10 Leider war Gülsah an den Tagen, an denen das EMBI erneut durchgeführt wurde, aus Krankheitsgründen nicht in der Schule, daher können diesbezüglich am Ende von Klasse 2 keine Angaben (k.A.) gemacht werden

In den Bereichen „Zählen“ (Teil A) sowie „Strategien bei Multiplikation und Division“ (Teil D) unterscheiden sich am Ende von Klasse 1 die erreichten Ausprägungsgrade der drei Kinder kaum. Im Teil B „Stellenwerte“ erreicht Marie nur einen Ausprägungsgrad weniger als Finn und Gülsah. Deutlicher sind die Unterschiede im Teil C „Strategien bei Addition und Subtraktion“. Hier erreicht Marie nur Ausprägungsgrad 2, d.h. um die Gesamtanzahl der Elemente in zwei Mengen zu bestimmen, zählt Marie von einer der beiden Zahlen weiter. Finn kann bereits auch Subtraktionsaufgaben durch Vor- oder Rückwärtszählen lösen. Gülsah wählt bei einer gegebenen Subtraktionsaufgabe bereits grundlegende Strategien wie Verdoppeln, Tauschaufgabe bilden (9 + 2 statt 2 + 9), Zehnerzerlegung (6 + 8 = 6 + 4 + 4) oder andere Vorgehensweisen (vgl. auch die Angaben zu den Ausprägungsgraden in den Teilen A – D in Kapitel 8).

Ein Jahr später (am Ende von Klasse 2) fällt auf, dass Finn in Bezug auf die erreichten Ausprägungsgrade kaum Verbesserung zeigt. Nur im Teil C, kann er sich um einen Ausprägungsgrad steigern, d.h. er kann nun auch Subtraktionsaufgaben zählend lösen. Marie zeigt hingegen im EMBI in den Bereichen „Zählen“ (Teil A) und „Strategien bei Addition und Subtraktion“ (Teil C) Verbesserungen um jeweils zwei Ausprägungsgrade. Beide erreichen im DEMAT 2+ jedoch recht wenige Punkte. Die Frage, warum Marie bei den beiden Überprüfungen mit dem DEMAT so schlecht abschneidet, lässt sich hier nicht eindeutig beantworten. Es ist zu vermuten, dass sie mit den entsprechenden Aufgaben, die in Form eines schriftlichen Tests unter Zeitdruck gestellt wurden, aus hier ungeklärten Gründen nicht zurechtgekommen ist. Während Finn durch die vorschulische Förderung offenbar im ersten Schuljahr noch profitieren konnte, hätte er im zweiten Schuljahr besondere Unterstützung bei der Erarbeitung neuer Inhalte (Erweiterung des Zahlenraums bis 100, Erwerb von heuristischen Strategien beim Lösen von Additions- und Subtraktionsaufgaben, Einführung der Multiplikation und ihrer Umkehrung der Division) gebraucht. Gülsah hingegen zeigt sich auch am Ende des zweiten Schuljahres in ihren Leistungen stabil. Sie erreicht nun 26 von 36 Punkten und liegt damit erneut deutlich über dem Mittelwert der Gesamtgruppe (20,7 Punkte). Leider liegen aus Krankheitsgründen für Gülsah keine erneuten EMBI Befunde vor.

Betrachtet man nicht nur diese drei Kinder, sondern die Gesamtgruppe der Förderkinder, so lässt sich zusammenfassend feststellen, dass sich positive Effekte der vorschulischen Förderung, die inhaltlich deutliche Bezüge und z.T. auch Überschneidungen zu den Inhalten des Mathematikunterrichts der ersten Klasse aufweist, i.W. am Ende des ersten Schuljahres festmachen lassen. Auch scheint die Gruppe der Kinder mit Migrationshintergrund, die in der Risikogruppe deutlich überrepräsentiert war (vgl. auch Grüßing & Schmitman gen. Pothmann 2007), überdurchschnittlich von der vorschulischen mathematischen (Sprach-)Förderung profitiert zu haben.

> *Anhand des Beispiels von Gülsah wird deutlich, dass es nur bedingt möglich ist, von der alltagssprachlichen auf die fachsprachliche Fähigkeit zu schließen. Dieser Unterschied zwischen Alltags- und Fachsprache ist jedoch für das Mathematiklernen bedeutsam. Folglich ist es für die vorschulische Förderung wie für den Unterricht unabdingbar, an die mathematischen und auch an die sprachlichen Vorkenntnisse der Kinder anzuknüpfen und das mathematische Sprachverständnis aller Kinder zu schulen. Eine Voraussetzung dafür ist die Sensibilisierung für mögliche Schwierigkeiten beim Umgang mit mathematischen Begriffen sowie bei der Begriffsbildung im Spannungsfeld von Alltagssprache und mathematischer Fachsprache. (ebd., S.32.)*

Wie Erzieherinnen und Erzieher Kinder bereits vorschulisch bei ihrem individuellen Mathematiklernen geeignet unterstützen können, wird im Folgenden verdeutlicht, indem zu den als offenbar für das schulische Mathematiklernen kritischen Bereichen, die im *EMBI-KiGa* thematisiert werden, konkrete Aktivitäten für die mathematische Förderung vorgestellt werden.

7.2 Fördermöglichkeiten zu den im *EMBI-KiGa* thematisierten Inhalten

Bevor im Folgenden Fördermöglichkeiten für die im Interview thematisierten Inhalte entfaltet werden, möchten wir betonen, dass wir explizit kein festes Trainingsprogramm vorschlagen oder liefern. Unsere Fördervorschläge dienen im Wesentlichen als Anregungen für die mathematische Förderung sowohl einzelner Kinder als auch in der Gruppe. Alternativ zur Planung fester Fördereinheiten zeigen wir vielmehr Aktivitäten auf, die sich flexibel in den Alltag sowie spielerische Aktivitäten im Kindergarten integrieren lassen. Gerade hierin liegt unserer Ansicht nach die Chance für eine am einzelnen Kind und seinen Stärken, Schwächen, Vorlieben und Interessen ausgerichtete vorschulische mathematische Bildung mit erheblichem methodischen Spielraum. Vorgegebene und häufig weitgehend starre Förderkonzepte, die zum Teil an den Einsatz eines speziellen Materials gebunden sind, sind nicht in allen Fällen geeignet, individuellen Bedürfnissen Rechnung zu tragen. Als Beispiel sei hier eines unserer Förderkinder genannt, das sich von Aktivitäten und Spielen mit Memorykarten und Plastikbärchen nicht besonders begeistern ließ, während es in der Bauecke mit Freude und Engagement Mengen erfasste und darstellte oder Muster legte.

Unserer Erfahrung nach bieten zudem konkrete Ansatzpunkte im Alltag, im Spiel und in Projekten, besonders wenn sie direkt von den Kindern ausgehen, die fruchtbarsten Kontexte für das Mathematiklernen. Daher ermutigen wir sie, gerade diese Gelegenheiten besonders wahrzunehmen und zu nutzen. Zur Unterstützung und zur Dokumentation ist es sicher sinnvoll, sich Aktivitäten und Beobachtungen zu einzelnen Kindern zu notieren.

Auch wenn es bei einer diagnostischen Überprüfung durchaus sinnvoll und angemessen ist, individuelle Vorläuferfähigkeiten detailliert und entsprechend kleinschrittig zu erfassen[11], sind Förderaktivitäten eher ganzheitlich zu sehen. So sind zum Beispiel Aktivitäten zum Bereich Vorgänger/Nachfolger kaum losgelöst von Zählaktivitäten und der Thematisierung entsprechender sprachlicher Begrifflichkeiten umzusetzen. Teil-Ganzes-Beziehungen stehen in engem Zusammenhang zur Zahl-Mengen-Zuordnung und Ordinalzahlen werden Kardinalzahlen, d.h. Zählzahlen gegenübergestellt. Wir plädieren daher an dieser Stelle dafür, entsprechende Vernetzungen auch bei der Förderung zu berücksichtigen und nicht isoliert einzelne Teilbereiche für sich zu thematisieren. Entsprechend machen wir im Folgenden Vorschläge für Förderaktivitäten zu vier inhaltlichen Schwerpunkten, die den Hintergrund für die diagnostischen Aufgaben des *EMBI-KiGa* bilden, ohne dass sich hieraus eine inhaltliche Prioritätenliste für die vorschulische Förderung ablesen lässt.

- Mengenerfassung und Mengenvergleich
- Zählen
- Muster und Strukturen
- Pränumerische Fähigkeiten

Mengenerfassung und Mengenvergleich

Fähigkeiten beim Vergleich von Mengen (vgl. V 1) und bei der Mengenerfassung (Vgl. V 5) zählen zu den Vorläuferfähigkeiten für das schulische Mathematiklernen (vgl. auch Kap. 3.1). Hierbei geht es im Wesentlichen um zwei zentrale Bereiche – den Anzahlvergleich und die Fähigkeit zum (quasi-)simultanen Erfassen der Anzahl (schnelles Sehen).

Mehr, weniger oder gleich viele?

So ist es wichtig, dass Kinder – unabhängig davon, ob sie die Mengen entsprechend auch korrekt auszählen können - erkennen, welche von zwei unterschiedlich großen Mengen mit z.B. fünf und

[11] Die Anordnung der Aufgaben ist beim *EMBI-KiGa* i.W. durch den Materialeinsatz bestimmt, um nicht durch zu häufigen Materialwechsel unnötig Unruhe oder Verzögerungen zu erzeugen. So ergibt sich zum Beispiel beim Einsatz der Bären zum Mengenvergleich (V 1) die Nutzung der Bären für die Raum-Lage-Beziehungen (V 2) und den Umgang mit Mustern (V 3) sowie die Ordinalzahlen (V 4), ohne dass diese Bereiche direkt inhaltlich in einem Zusammenhang stehen würden oder gar hierarchisch voneinander abhängen.

acht Elementen die größere bzw. die kleinere ist. So kann ein Spiel mit dem Titel „Mehr oder weniger" darin bestehen, jeweils zwei Bilder mit unterschiedlich vielen Objekten zu betrachten und festzustellen, auf welchem Bild jeweils mehr oder weniger Objekte zu sehen sind. Hier bietet es sich an, mit den Kindern diese Größenvergleiche auch sprachlich entsprechend zu begleiten und im Sinne des *unpräzisen Anzahlkonzepts* (siehe Abb. 1 in Kap. 2.3) die Kinder die Mengen näher beschreiben zu lassen. Sind es wenige, viele oder sehr viele Objekte, die auf den einzelnen Bildern zu sehen sind? Dabei hängt die Beurteilung der Mengen natürlich vom Kontext ab. Während für die meisten Kinder sieben Legosteine zum Bauen eher wenig sind, werden sieben Kugeln Eis wohl eher als viel beurteilt (vgl. dazu das Bilderbuch „Sind 7 viel?" von Antje Damm). Geeignete Bilder für solche Vergleiche lassen sich am Computer mit verschiedenen Objekten (Punkte, Käfer, Äpfel etc.) leicht selbst herstellen, laminiert sind sie zudem über einen langen Zeitraum haltbar.

Alternativ können auch die Bären aus dem Interview eingesetzt werden, um Gruppen zu bilden, die dann verglichen werden können. Dabei bietet es sich an, auch zwei Mengen mit gleich vielen Bären zu erstellen, die von den Kindern als gleich groß erkannt werden sollen. Stellt man die Bären der einen Menge eng zusammen und die Bären der anderen weit auseinander, ergibt sich die Notwendigkeit zu erkennen, dass die räumliche Ausdehnung keinen Einfluss auf die Anzahl der Elemente hat, d.h. in der Menge, in der z.B. vier Bären mit einigem Abstand voneinander stehen, sind genauso viele Bären wie in der Vierermenge, in der die Bären sehr eng zusammen stehen. Dies sollte intensiv thematisiert, besprochen und seitens der Kinder begründet werden, um Einsicht in die *Mengeninvarianz* (vgl. V 1e) zu entwickeln.

Auch die Anzahl von zwei Kinderteams, die aus Kindern der jeweiligen Gruppe gebildet werden, kann verglichen werden – Sind es mehr oder weniger Mädchen als Jungen in der Gruppe? Haben mehr oder weniger Kinder blonde Haare oder dunkle? Tragen mehr oder weniger Kinder heute eine Jeanshose? Thematisiert werden sollte, wie man Mengen geeignet miteinander vergleichen kann. Während der Unterschied zwischen Kindergruppen mit zwei und acht Kindern für die meisten Kindergartenkinder offensichtlich sein dürfte, ist der Unterschied nicht so leicht ersichtlich, wenn die beiden Gruppen aus sieben und acht Kindern bestehen. Eine wichtige Strategie, die später auch für das Auszählen von Mengen von Bedeutung ist, ist die Eins-zu-eins-Zuordnung (vgl. V 10). Jedem Kind der einen Gruppe wird ein Kind der anderen Gruppe gegenübergestellt (dies lässt sich übrigens auch leicht mit den Bären umsetzen). Die Gruppe, bei der noch Kinder ohne einen Partner in der jeweils anderen Gruppe sind, ist die größere, d.h. die Gruppe, in der mehr Kinder sind als in der anderen. Oder jedes Kind aus Gruppe A findet genau einen Partner aus Gruppe B, dann sind in beiden Gruppen gleich viele Kinder. Vielen Vorschulkindern wird es diesbezüglich auch schon gelingen, die genaue Anzahl der Kinder in beiden Gruppen bzw. den Unterschied zählend zu bestimmen.

Eine weitere Variante des Spiels kann mit zwei Würfeln gespielt werden. Zwei Kinder würfeln gleichzeitig, dann wird verglichen, welcher Würfel mehr Punkte zeigt. Da man hier die Punkte nicht direkt vergleichen kann, indem jedem Punkt der einen Punktmenge ein Punkt aus der anderen Punktmenge handelnd zugeordnet wird, ergibt sich hierbei neben der genaueren Betrachtung und dem Vergleich der Struktur der Punktmengen („das Fünfer-Punktefeld sieht aus wie das Viererfeld, hat nur noch einen Punkt mehr, nämlich den in der Mitte") fast automatisch das Zählen, zumal der Zahlenraum ja auf maximal sechs Objekte beschränkt ist. Indem jedes Kind mit zwei Würfeln würfeln darf, kann hier zudem differenziert werden, sodass leistungsstarke Kinder besonders durch den größeren Zahlenraum und die Notwendigkeit, die Gesamtmenge der jeweils gewürfelten Augen zu vergleichen, besonders herausgefordert werden können.

Schnelles Sehen

Die Arbeit mit den Punktefeldern des Würfels bietet sich auch bei Aktivitäten der (quasi-)simultanen Erfassung (vgl. V 5) an. Auch wenn die Forschungslage hinsichtlich der Strategien, die Kinder diesbezüglich anwenden, noch unklar ist, besteht weitgehend Einigkeit darin, dass die Fähigkeit, Mengen schnell zu erfassen (in der Literatur finden sich dazu die Begriffe „schnelles

Sehen", „Simultanerfassung" oder „Subitizing") offenbar bedeutend für die mathematische Entwicklung ist. Eine zielgerichtete frühe Förderung in diesem Bereich ist daher sicher sinnvoll, zumal diese Fähigkeit weniger bei Alltags- und Spielaktivitäten junger Kinder angesprochen wird und entsprechend von der Erzieherin / dem Erzieher angeregt und begleitet werden kann.

Es bietet sich an, hier mit dem entsprechenden EMBI-Material zu Aufgabe V 5 einzusteigen und ergänzend weitere Karten mit Bildern unstrukturierter kleinerer (< 5) und strukturierter größerer (< 12 oder < 20) Mengen anzulegen. Ein strukturiertes Zehnerfeld würde z. B. aus zwei Fünferstangen oder zwei Fünfer-Punktefeldern wie beim Würfel bestehen. Auch hier kann man durchaus spielerisch vorgehen, indem man unter dem Titel „Schnelles Sehen" die vorbereiteten Karten zeigt (dies geht mit nur einem Kind oder auch in der Gruppe) und die Kinder bittet zu sagen, wie viele Punkte (Käfer, Fußbälle etc.) sie gesehen haben. Lohnend ist es auch hier, mit den Kindern darüber zu sprechen, wie sie vorgegangen sind, und besonders die Strategien für das Erfassen strukturierter Mengen (das sog. quasi-simultane Erfassen) über die Teilmengen zu thematisieren. Einige Kinder beschreiben hier auch zählende Verfahren, d. h. sie speichern das gesehene Bild vor ihrem inneren Auge ab und zählen dann die Objekte. Auch bei Würfelspielen kann man beobachten, ob Kinder bereits fähig sind, kleinere Würfelzahlen in einem Zug auf dem Spielfeld umzusetzen, wenn sie z. B. die Spielfigur in einer Bewegung um zwei, drei oder vier Felder weiterziehen statt die Felder einzeln abzuzählen. Generell sind Aktivitäten zum Bereich „schnelles Sehen" eng mit dem Zählen verbunden.

Zählen

Auch wenn traditionelle Ansätze zur vorschulischen Mathematik häufig auf rein pränumerische Aktivitäten setzen und Zählaktivitäten bewusst mit dem Hinweis ausblenden, das sei Schulstoff, betonen moderne Ansätze die Bedeutung der Entwicklung des Zählens (vgl. Kap. 2).

Der Bereich „Zählen" ist zudem ein umfangreicher Bereich mit vielen Facetten, den Kinder auch ohne das Zutun von Erwachsenen in der Regel bereits von sich aus lange vor der Einschulung erkunden. Für die vorschulische mathematische Bildung ergeben sich auf der eingangs dargestellten theoretischen Grundlage die folgenden Schwerpunkte, die im Folgenden weiter ausgeführt werden.

- Kenntnis der Zahlwortreihe (verbales Zählen) und zugehöriger Zahlsymbole
- Rückwärtszählen / Vorgänger und Nachfolger einer Zahl bestimmen
- Auszählen von Mengen
- Ordinalzahlen

Um wie zu Beginn des A-Teils im *EMBI-Kiga* eine Menge von ca. 20 Bärchen auszählen zu können, muss ein Kind zum einen um die entsprechenden Zahlwörter und ihre feste Anordnung wissen sowie zum anderen nach dem Prinzip der *Eins-zu-eins-Zuordnung* fähig sein, jedem Element der zu zählenden Menge genau ein Zahlwort zuzuordnen. Wird über Zählfähigkeiten gesprochen, ist daher zunächst einmal zwischen der Fähigkeit zum Aufsagen der Zahlwortreihe und dem Abzählen von gegebenen Objekten zu unterscheiden. Häufig ist festzustellen, dass Kinder, je nachdem ob mit oder ohne Material gezählt wird, unterschiedlich weit zählen können. Dabei fällt laut Hasemann (2007, 6) „manchen Kindern … offenbar das ‚konkrete' (Ab-)Zählen unter Verwendung von Material leichter als das Aufsagen der Zahlwortreihe, das ein rein mentaler Prozess ist". In einer Untersuchung in der Schweiz fand Caluori (2004) Belege für diese Erklärung. So benutzten beim Aufsagen der Zahlwortreihe einige der untersuchten Kinder im Vorschulalter die Finger als Hilfe, andere unterstützten das Aufsagen durch einen Rhythmus, z. B. durch gleichmäßiges Klopfen auf den Tisch.

Zahlwortreihe und Zahlsymbole

Die meisten der von uns befragten Kindergartenkinder im Jahr vor der Einschulung konnten zumindest die Zahlwortreihe bis zehn vorwärts aufsagen, viele Kinder konnten weiterhin auch schon über den Zehner hinaus zählen bis 20 oder sogar noch weiter. Zum spielerischen Einüben der Zahlwortreihe ergeben sich bereits im Kindergarten verschiedene Möglichkeiten. Zunächst einmal sollten alle von den Kindern ausgehenden Anstrengungen und Initiativen zum Zählen ernst genommen und genutzt werden. So sollten die Kinder, die meist mit gewissem Stolz von sich aus sagen „Ich kann schon bis 20 zählen!" auch die Möglichkeit bekommen ihre Fähigkeiten zu zeigen und dafür gelobt werden – auch wenn das Zählen noch nicht immer fehlerfrei klappt. So wird ihnen vermittelt, dass sie sich mit etwas Wichtigem und Lohnendem beschäftigen, und auch andere Kinder werden angeregt, ebenfalls ihre Zählfähigkeiten zu zeigen und auszubauen. Der Einsatz von Abzählreimen, Liedern und Bilderbüchern zum Zählen bzw. zur Zahlwortreihe unterstützt die Festigung der Zahlwortreihe.

Besonders bei Kindern, deren Erstsprache nicht Deutsch ist, und die (noch) nicht auf Deutsch die Zahlwortreihe aufsagen können (wohl aber in ihrer Muttersprache – auch wenn man das im Einzelfall meist nicht erkennen und beurteilen kann), kann es hilfreich sein, Karten mit den Zahlsymbolen wie in Aufgabe V 7 zur Hand zu haben. Oft stellt sich heraus, dass die Kinder die Zahlsymbole durchaus kennen (wenn auch noch nicht die deutschen Zahlwörter) und in der Lage sind, die Zahlsymbole in die richtige Reihenfolge zu bringen. In dem Zusammenhang kann auch die Zahl Null im Gespräch mit einzelnen Kindern und/oder in der Gruppe thematisiert werden – sowohl in Bezug auf Mengen mit null Elementen als auch in Bezug auf ihre Position in der Zahlwortreihe.

Wichtig ist es, die unterschiedlichen Zählfähigkeiten der Kinder und ihr unterschiedlich ausgeprägtes Interesse an Zahlen und am Zählen zu akzeptieren und den Kindern individuell auf unterschiedlichen Niveaus spielerisch immer wieder neue Herausforderungen zu bieten. Die Zahlwortreihe und auch die Einführung der Zahlsymbole wird im Anfangsunterricht der Grundschule ausführlich thematisiert, sodass hier nicht der Anspruch bestehen muss, dass z. B. alle Kinder bei Einschulung die Zahlwortreihe und Zahlsymbole bis 20 können müssen, wenngleich dies auf viele Kinder bereits zutreffen mag.

Rückwärtszählen, Vorgänger und Nachfolger einer Zahl bestimmen

Unserer Erfahrung nach hat sich beim Vorwärts- und auch beim Rückwärtszählen der Einsatz einer „Zahlenstraße" aus Teppichfliesen mit den Zahlen von 1 bis 15 bzw. 20 bewährt (vgl. 7.1 die Ausführungen zur Förderung von Gülsah). Durch die Verbindung von Zählaktivitäten mit Bewegungen wird nicht nur die Zählrichtung körperlich erfahrbar, auch das Zählen in Schritten, wie z. B. in Zweier- oder gar Dreierschritten, wird so veranschaulicht. Kinder erfahren den Unterschied zwischen einem Einer- und einem Zweiersprung. Auch können beim Zählen in Zweierschritten, z. B. die Zahlen, die abhängig davon, ob man eine gerade oder ungerade Startzahl gewählt hat, nicht vorkommen, entfernt werden, um die Struktur dieser Zählweise zu verdeutlichen. Auch für Aktivitäten zur Bestimmung von Vorgänger und Nachfolger ist die Zahlenstraße hilfreich. Wie bereits in Bezug auf die Förderung von Gülsah ausgeführt, bietet sie geeignete Möglichkeiten zu erkunden, welche Zahl *vor* oder *nach* einer bestimmten Zahl kommt. Verwendet man zu früh und unreflektiert Begriffe wie „Vorgänger" und „Nachfolger", kann das bei einigen Kindern allerdings zur Verwirrung führen, denn gemäß unseres Beispiels liegt zwar die Vier *vor* mir, wenn ich auf der Drei stehe, doch die Vier ist der *Nachfolger* der Zahl Drei. Es ist daher hilfreich – wie auch im Interview – im Gespräch mit den Kindern zunächst die Begriffe „Zahl davor" und „Zahl danach" bzw. die „nächste Zahl" zu verwenden.

Auszählen von Mengen

Beim Auszählen von Mengen zur Anzahlbestimmung (vgl. A 1) müssen Kinder nicht nur sicher über die Zahlwortreihe verfügen, d. h. wissen, dass die Zahlwörter eine feste Reihenfolge haben

(Prinzip der stabilen Ordnung), sondern im Sinne der Eins-zu-eins-Zuordnung (auch Eindeutigkeitsprinzip) jedem Element der Menge genau ein Zahlwort zuordnen. Weiterhin erforderlich ist die Einsicht in das *Kardinalzahlprinzip*, nach dem die zuletzt benutzte Zahl im Zählprozess die Anzahl angibt. Ebenfalls zum Tragen kommt das Wissen darüber, dass die Reihenfolge, in der die Elemente gezählt werden, beliebig ist *(Prinzip der Irrelevanz der Anordnung)* und dass beliebige Objekte unabhängig von ihren Eigenschaften zu „Zähldingen" zusammengefasst werden können *(Abstraktionsprinzip)*. Es handelt sich also um einen durchaus komplexen Prozess, bei dem alle fünf in Kap. 2.2 ausführlich dargestellten *Zählprinzipien* benötigt werden. Entsprechend ist es völlig normal, dass Kinder eine gewisse Übung brauchen, um die erforderlichern Einsichten zu entwickeln und aufeinander zu beziehen. Die meisten Kinder machen von sich aus Versuche, verschiedene Mengen auszuzählen, weil in ihrem Alltagshandeln oder im Spiel Situationen entstehen, in denen sich Abzählprozesse ergeben oder diese sogar erfordern. So gilt es z. B. festzustellen, ob morgens alle Kinder da sind, wie viele Kinder in diesem Monat Geburtstag haben, ob genug Tassen und Teller für alle Kinder für das Frühstück bereitstehen, in wie vielen Tagen ein Kind Geburtstag hat, ob die Teile eines Puzzles vollständig sind, ob genug Eier da sind, um für alle Kinder Omeletts zu machen etc. Solche und ähnliche Fragen, wie sie im Alltag und im Spiel natürlicherweise entstehen, sollten immer wieder genutzt werden, um das Abzählen zu üben, wobei auch darüber gesprochen werden sollte, wie man richtig zählt. Besonders Kinder, die beim Zählen nicht von sich aus aktiv werden, sollten angeregt werden, sich an solchen Zählprozessen zu beteiligen. Sie profitieren zudem besonders von Kindern, die in ihrer individuellen Entwicklung des Zählprozesses bereits weiter sind, und von den Gesprächen darüber, wie man zählt.

Leicht selbst herzustellende Varianten bekannter Spiele wie Domino oder Memory, bei denen einer dargestellten Menge von Objekten ein Zahlsymbol zugeordnet werden soll (vgl. Aufgabe V 6 zur Zahl-Mengen-Zuordnung), betonen zudem den Bezug von (An-)Zahlen und den entsprechenden Zahlsymbolen. Herzustellen sind Kartenpaare, bei denen auf der einen Karte ein Zahlsymbol und auf der anderen eine entsprechende Menge von Objekten abgebildet sind, bzw. Dominosteine, die nicht nur die herkömmlichen Punktmuster aufweisen, sondern jeweils immer ein Zahlsymbol und ein Punktefeld. Je nach Fähigkeiten der Kinder kann zudem mit Karten im Zahlenraum bis fünf oder sechs, zehn oder zwölf oder sogar darüber hinaus gespielt werden.

Eine im Rahmen von Fort- und Weiterbildungen in diesem Zusammenhang häufig gestellte Frage ist, wie weit Kinder denn vorschulisch zählen können sollen. Dies ist weniger eine Frage, die mit Blick auf entwicklungspsychologische Erkenntnisse beantwortet werden kann, sondern eher eine Definitionsfrage im Sinne von Bildungsstandards. Da die Bildungs- und Orientierungspläne der Länder hier keine eindeutige Antwort geben, ist es unserer Ansicht nach am besten, sich an den individuellen Fähigkeiten der Kinder zu orientieren und zu akzeptieren, dass manche Kinder bei Schulanfang mit Mühe eine Menge von zehn (oder weniger) Objekten auszählen können, während andere Kinder bereits die Zahlwortreihe bis 20 oder darüber hinaus ohne Schwierigkeiten aufsagen können und auch bereits größere Mengen mit 20 oder mehr Objekten auszählen können.

Der Einsatz von Bilder- und/oder Vorlesebüchern kann den Erwerb von Zählfähigkeiten auf unterschiedlichen Ebenen und Niveaus unterstützen und zugleich die sprachliche Entwicklung fördern. Hier gibt es eine Reihe von Büchern, die in Frage kommen. Besonders gut haben uns gefallen „Wie der Tiger zählen lernte" von Janosch (Erwerb der Zahlwortreihe, Zahlsymbole, Auszählen von Mengen), „Der kleine Bär" von Karen Hayles und Jenny Jones (Rückwärtszählen) und „Fünfter sein" von Ernst Jandl und Norman Junge (Ordinalzahlen).

Ordinalzahlen und andere Zahlaspekte

Zahlen begegnen Kindern nicht nur als Zählzahlen (eins, zwei, drei …) und als Kardinalzahlen, d. h. als Angabe für die Anzahl einer Menge, sondern auch als sog. Ordinalzahlen (vgl. V 4) zur Angabe eines Rangplatzes (der Erste, Zweite, Dritte, … oder Erster, Zweiter, Dritter …). Im Unterschied zur Kardinalzahl gibt die Ordinalzahl nicht die Gesamtzahl der Elemente einer Menge an, sondern jeweils den Rangplatz in der Reihenfolge bezogen auf ein konkretes Element. Es ist zum einen wichtig, dass Kinder die Bedeutung dieser beiden Zahlaspekte verstehen, zum anderen müssen sie die entsprechende Terminologie kennen. Dabei sind sie auf Begleitung angewiesen, denn die Ordinalzahlen lassen sich nicht durchgängig nach ein und demselben Muster von den Zählzahlen bzw. Kardinalzahlen ableiten. Während bei einigen Zahlen einfach die Endung „te" bzw. „ter" angehängt wird (z. B. zwei – der Zweite/Zweiter, vier – der Vierte/Vierter aber sieben der Siebte/Siebter), finden sich auch unregelmäßige Ordinalzahlbildungen (z. B. eins – der Erste/Erster, drei – der Dritte/Dritter). Diese Wörter sollten eingeführt und geübt werden, indem entsprechende Rangplätze benannt werden. Hilfreich ist es dabei besonders für Kinder, deren Erstsprache nicht Deutsch ist, wenn dabei auch die Wortbildung thematisiert wird.

Auch bei den Ordinalzahlen gilt es, Situationen im Alltag und Spiel entsprechend zu nutzen, um die Ordinalzahlen zu thematisieren und spielerisch einzuüben, z. B. wenn bei einem Wettlauf die Platzierungen ermittelt werden, wenn ein Muster umgesetzt werden soll (bei einer aufzufädelnden Kette jede dritte Perle rot sein soll) oder wenn untersucht wird, wie die Hausnummern in einer Straße angeordnet sind (das vierte Haus trägt hier nicht unbedingt die Nummer 4, sondern in den meisten Fällen die Nummer 8, weil sich auf der einen Straßenseite nur die geraden und auf der anderen die ungeraden Zahlen befinden). In Verbindung mit dem (Nach-)Bau von Mustern können auch mündliche Beschreibungen im Sinne einer Bauanleitung gegeben werden: „Der erste Bär soll blau sein, der zweite und der dritte gelb, der vierte rot …". So können sich Kinder gegenseitig Muster beschreiben bzw. „diktieren".

Darüber hinaus treten im Alltag Zahlen auch noch in weiteren Zahlaspekten auf, die durchaus auch schon für Kindergartenkinder eine Bedeutung haben. So kennen bereits einige Kinder die heimische Telefonnummer (oder die Nummer der Großeltern). Bei Telefonnummern wie auch bei Autokennzeichen oder der Belegung von Programmplätzen beim Fernseher treten Zahlen als Kennzeichen bzw. Kodierungen auf – entsprechend spricht man auch vom Kodierungsaspekt. In Verbindung mit Längen- oder Gewichtseinheiten treten Zahlen als Maßzahlen auf (z. B. 23 kg, 1,25 m) – Kinder erleben z. B. beim Kinderarzt, wie sie gewogen und gemessen werden, und kennen vielleicht sogar schon ihre aktuelle Größe und/oder ihr Gewicht. Ferner werden Zahlen natürlich auch zum Rechnen benutzt (Rechenzahlaspekt). Um die Äußerungen von Kindern angemessen verstehen und einordnen zu können, ist es wichtig, dass ihre Erzieherinnen und Erzieher sich der verschiedenen Zahlaspekte bewusst sind.

Insbesondere bei jüngeren Kindern können die unterschiedlichen Aspekte einer Zahl auch Konflikte auslösen. Die folgende Situation wurde von einer Teilnehmerin einer Fortbildung in ihrer Kindergartengruppe so beobachtet. Im Morgenkreis sollte bestimmt werden, wie viele Kinder anwesend waren. Dazu sollten die Kinder (mit Hilfe) zählen. Das erste Kind begann mit „Eins", die nächsten Kinder setzten die Zahlwortreihe mit „Zwei", „Drei", „Vier" und „Fünf" fort. Das sechste Kind nannte die Zahl „Vier". Das Mädchen wurde von den anderen Kindern schnell korrigiert und aufgefordert die Zahl Sechs zu nennen. Sie weigerte sich jedoch. Schließlich begründete sie ihre Aussage: „Aber ich bin doch vier!" In diesem Fall kam es also zum Konflikt, weil für die verschiedenen Beteiligten unterschiedliche Aspekte einer Zahl im Vordergrund standen. Während das Mädchen, das vielleicht gerade Geburtstag gehabt hatte, die Zahl auf ihr Alter und damit auf den Maßzahlaspekt (vier Jahre) oder den Kodierungsaspekt („ich bin vier") bezog, stand für die anderen Kinder und die Erzieherin in diesem Moment der Zählzahlaspekt im Vordergrund.

Mit dem Zählen, aber auch schon mit dem Rechnen verbunden sind die sog. Teil-Ganzes-Beziehungen (vgl. V 8 sowie die entsprechenden Ausführungen in Kap. 3.1). Nach dem Modell von Krajewski (siehe Abb. 1) gehört die Einsicht, dass Zahlen sich verschieden zusammensetzen lassen (z. B. $8 = 3 + 5 = 2 + 6 = 4 + 4$) nicht mehr zu den klassischen Vorläuferfähigkeiten. Andererseits verstehen viele Kinder im Vorschulalter diese Zahlbeziehungen schon (ansatzweise). Für den Einsatz von Rechenstrategien, die über Strategien des Aus- und Weiterzählens hinausgehen, ist diese Einsicht offenbar entscheidend. Viele Kinder mit mathematischen Lernstörungen haben sie z. B. noch nicht entwickelt. Im vorschulischen Bereich kann über verschiedene Zahlzerlegungen durchaus schon gesprochen und reflektiert werden, sodass diejenigen Kinder, die diesbezüglich schon Entdeckungen gemacht und Erkenntnisse gewonnen haben, eine Gelegenheit bekommen, ihre Beobachtungen zu formulieren bzw. zu reflektieren. Doch es ist sicherlich unrealistisch, solche flexiblen Zahlvorstellungen bei Schulbeginn von allen Kindern zu erwarten.

Muster und Strukturen

Wie bereits in Kap. 3.1 ausführlich erläutert, besteht weitgehend Konsens darin, dass der Umgang mit Mustern und Strukturen wie in Aufgabe V 3 einen wichtigen Aspekt mathematischen Denkens darstellt. Keine Einigkeit besteht aufgrund mangelnder Forschungsbefunde hingegen in Bezug auf die Frage, welche Aspekte des Umgangs mit Mustern in der vorschulischen Bildung besondere Berücksichtigung finden sollten. Basierend auf dem gegenwärtig vorherrschenden Erfahrungswissen thematisiert das *EMBI-KiGa* das Nachlegen, Fortsetzen und Erklären von Mustern. Ausgangspunkt für die Thematisierung von Mustern im Rahmen der vorschulischen Bildung sind jedoch idealerweise Muster, die Kinder selbst erfunden und z. B. in Form von Steckbildern oder Perlenketten sowie mit Kartoffelstempeln oder Bausteinen umgesetzt haben. Dies müssen nicht zwangsläufig Muster sein, die von Kindern der jeweiligen Gruppe erstellt wurden. Im Bilderbuch „Mit Kindern Mathematik erleben" (Peter-Koop & Grüßing 2007b) sowie auch in dem Bildband „Mathe-Kings – Junge Kinder fassen Mathematik an" (Hönisch & Niggemeyer 2004) finden sich dazu Bilder, die zum einen zum Nachmachen und Weiterführen anregen und zum anderen Gesprächsanlässe im Sinne von Beschreibungen der dargestellten Muster bieten. Wie bereits im vorangegangenen Abschnitt ausgeführt, bietet sich bei diesen Beschreibungen vielfach die Verbindung mit Ordinalzahlen an.

Pränumerische Fähigkeiten

Traditionell stand in der Vergangenheit u. a. ausgehend von Piaget (vgl. Kap. 2.1) die Entwicklung pränumerischer Fähigkeiten im Mittelpunkt vorschulischer mathematischer Aktivitäten. In standardisierten Testverfahren wie dem OTZ (vgl. Kap. 7.1) bilden sie nach wie vor die Grundlage für zumindest einen Teil der Testaufgaben und auch im *EMBI-KiGa* finden sich Aufgaben zu den verschiedenen Bereichen pränumerischer Fähigkeiten, weil ihnen ergänzend zu den Zahlen- und mengenbezogenen Fähigkeiten ebenfalls eine grundlegende Bedeutung im Rahmen der Zahlbegriffsentwicklung zukommt (siehe dazu Kap. 2).

Eins-zu-eins-Zuordnung

So ist die Eins-zu-eins-Zuordnung (vgl. V 10) zunächst nicht an den Auszählprozess (s. o.) gebunden, bei dem jedem Objekt genau ein Zahlwort zugeordnet wird. Mit Hilfe der Eins-zu-eins-Zuordnung lässt sich die Größe von zwei Mengen auch direkt vergleichen, indem z. B. jeder Tasse eine Untertasse zugeordnet und so festgestellt wird, ob genauso viele Tassen wie Untertassen zur Verfügung stehen. Der Kindergartenalltag bietet hierzu vielfältige Anlässe, z. B. beim Tischdecken, beim Verteilen von Süßigkeiten im Stuhlkreis, bei der Bildung von Kinderpaaren bei Spiel und Sport.

Seriation (Reihenfolge bilden)

Beim Vergleichen von Objekten nach quantitativen Merkmalen (wie Länge oder Anzahl) ist das Ausbilden von Begriffen wichtig, die mathematische Ordnungsrelationen beschreiben, wie z. B. mehr/weniger, länger/kürzer, schwerer/leichter, die meisten etc. Die Kenntnis dieser Begriffe ist eine wesentliche Voraussetzung für das schulische Mathematiklernen. Vergleiche sind auch notwendig, wenn Objekte in einer bestimmten Reihenfolge angeordnet werden sollen wie die

Bleistifte bei der EMBI-Aufgabe V 11. Auch zur Reihenbildung finden sich Eigenaktivitäten von Vorschulkindern, die Ausgangspunkt für weitere Aktivitäten bzw. Gesprächsanlässe sind. Wichtig ist dabei, mit den Kindern über den Prozess der Reihenbildung zu sprechen, um das Prinzip zu verdeutlichen und somit transparent zu machen: „Der rote Stift ist ein bisschen länger als der grüne, aber kürzer als der gelbe, daher liegt er zwischen dem roten und dem grünen." Doch es lassen sich nicht nur Stifte der Größe nach ordnen. Eine reizvolle und durchaus herausfordernde Aufgabe für eine Kindergartengruppe ist es auch, die Kinder zu bitten, sich der Größe nach in einer Reihe aufzustellen oder mit Hilfe einer Balkenwaage verschiedene Spielzeuge nach ihrem Gewicht vom leichtesten zum schwersten anzuordnen.

Mengenkonstanz (Invarianz)

Die Fähigkeit, die Mächtigkeit einer Menge, also die Anzahl ihrer Elemente als invariant von Art und Lage der Elemente zu erkennen, ist ebenfalls ein wichtiger Aspekt im Rahmen der Zahlbegriffsentwicklung und ein Hinweis auf sich entwickelndes Anzahlverständnis (vgl. auch 3.1). Entsprechend findet sich auch im *EMBI-KiGa* diesbezüglich eine Aufgabe (vgl. V 1e).

Aufgaben zur Mengenkonstanz bzw. Invarianz begegnen Kindern im Vorschulalter in ihrem Alltag oder Spiel hingegen in der Regel nicht und sollten daher von der Erzieherin/dem Erzieher thematisiert werden. Bislang fehlen in der Literatur Hinweise darauf, wie diese Einsicht sinnvollerweise aufgebaut werden kann, daher sei an dieser Stelle empfohlen, die Aufgabe V 1e (oder eine ähnliche Aufgabe) mit einigem zeitlichen Abstand wiederholt zu stellen, wenn Kinder mit Materialien spielen, die es zumindest nahe legen, eine entsprechende Aufgabenstellung an das Kind/die Kinder heranzutragen und in die jeweilige Spielsituation mit einzubeziehen.

Raum-Lage-Bezeichnungen

Last but not least fallen auch die Präpositionen, die zur Bezeichnung von Raum-Lage-Beziehungen verwendet werden, im weitesten Sinn in den pränumerischen Bereich. Ohne Kenntnis entsprechender Begriffe zur Orientierung am eigenen Körper sowie im Raum ist der sinnvolle Einsatz didaktischer Materialien, die der Orientierung im Zahlenraum dienen, wie z. B. der Hundertertafel, nicht möglich. Die besonderen Herausforderungen, die sich für Kinder ergeben, deren (deutsche) Sprachentwicklung aus unterschiedlichen Gründen gewissen Einschränkungen unterliegt, wurden im vorangegangenen Kapitel im Rahmen der Falldarstellung zu Gülsah dargestellt. Daher ist es wichtig, im Kindergarten diese Begrifflichkeiten spielerisch einzuüben, z. B. durch Bewegungsspiele, indem sich die Kinder auf, neben, unter, vor, hinter einen Stuhl setzen sollen oder anhand einer Bilderfolge mit dem Titel „Wo ist der Teddy?" die Position des Teddys benennen (vgl. Peter-Koop & Grüßing 2007b).

Im bereits genannten Bilderbuch „Mit Kindern Mathematik erleben" (ebd.) finden sich zudem weitere Anregungen für Kinder und Erwachsene für sinnvolle vorschulische mathematische Aktivitäten, wobei neben dem pränumerischen Bereich, dem Bereich Zahlen, Mengen und Operationen und dem Bereich Muster und Strukturen (s. o.) auch die Inhaltsbereiche Raum und Form, Größen und Messen sowie Daten, Häufigkeiten, Wahrscheinlichkeiten einbezogen werden. Auch wenn es sich bei diesen Inhaltsbereichen um schulische Inhalte im Sinne der Bildungsstandards für den Mathematikunterricht in der Grundschule handelt, zeigen die dargestellten Beispiele, dass sich Kinder bereits vor Schuleintritt mit diesen Inhalten auseinandersetzen, Erfahrungen sammeln und Wissen und Fähigkeiten aufbauen. Zu den Bereichen Größen und Messen sowie Raum und Form erscheint ferner parallel ein weiteres EMBI, das für den schwerpunktmäßigen Einsatz in der Grundschule konzipiert worden ist, in Einzelfällen sicherlich aber auch bereits bei Kindern im Vorschulalter eingesetzt werden kann (siehe Kap. 8). Grundlegende Überlegungen zur mathematischen Frühförderung illustriert an verschiedenen Beispielen finden sich ferner in Grüßing & Peter-Koop (2007).

8. Ausblick: Ausprägungsgrade mathematischen Denkens

Bislang liegt das Elementarmathematische Basisinterview zu drei Inhaltsbereichen mit insgesamt zwölf Unterthemen vor (Peter-Koop et al. 2007, Wollring et al. 2011). Um Erzieherinnen und Erziehern einen Ausblick auf die Entwicklung schwerpunktmäßig schulischer Kompetenzen zu geben, sind im Folgenden die Ausprägungsgrade zu den bislang vorliegenden Interviewteilen abgedruckt. Erhebungen in Deutschland wie auch in Australien zeigen, dass auch Kindergarten- und Vorschulkinder in einigen Bereichen bereits entsprechende Kompetenzen entwickelt haben und auch schon (niedrige) Ausprägungsgrade erreichen. Gerade wenn im Alltag der Kindertagesstätte bereits beobachtet wurde, dass einzelne Kinder in einigen Bereichen jenseits von mathematischen Vorläuferfähigkeiten und Zählkompetenzen schon vertieftes Wissen und Interesse zeigen, kann es für die weitere Begleitung und Förderung lohnend sein, weitere Interviewteile durchzuführen – vielleicht bereits in Zusammenarbeit mit der örtlichen Grundschule.

Zahlen und Operationen

A. Zählen[12]

0. **Nicht ersichtlich**, ob das Kind in der Lage ist, die Zahlwörter bis 20 zu benennen.
1. **Mechanisches Zählen.**
   Das Kind zählt mechanisch bis mindestens 20, ist aber noch nicht in der Lage, eine Menge (von Gegenständen) dieser Größe zuverlässig abzuzählen.
2. **Zählen von Mengen.**
   Das Kind zählt sicher Mengen mit ca. 20 Elementen (Gegenständen).
3. **Vorwärts- und Rückwärtszählen in Einerschritten.**
   Das Kind kann im Zahlenraum bis 100 in Einerschritten von verschiedenen Startzahlen aus zählen und Vorgänger und Nachfolger einer gegebenen Zahl benennen.
4. **Zählen von 0 aus in 2er-, 5er- und 10er-Schritten.**
   Von 0 aus gelingt das Zählen in 2er-, 5er- und 10er-Schritten bis zu einer gegebenen Zielzahl.
5. **Zählen von Startzahlen mit $x > 0$ aus in 2er-, 5er- und 10er-Schritten.**
   Von einer Startzahl ($x > 0$) gelingt das Zählen in 2er-, 5er- und 10er-Schritten bis zu einer gegebenen Zielzahl.
6. **Erweitern und Anwenden von Zählfertigkeiten.**
   Von einer Startzahl ($x > 0$) gelingt das Zählen in beliebigen einstelligen Schritten und diese Zählfertigkeiten können in praktischen Aufgaben angewendet werden.

B. Stellenwerte

0. **Nicht ersichtlich**, ob das Kind in der Lage ist einstellige Zahlen zu lesen, zu schreiben, zu interpretieren und zu sortieren.
1. **Lesen, Schreiben, Interpretieren und Sortieren von einstelligen Zahlen.**
   Das Kind kann einstellige Zahlen lesen, schreiben, interpretieren und sortieren.
2. **Lesen, Schreiben, Interpretieren und Sortieren von zweistelligen Zahlen.**
   Das Kind kann zweistellige Zahlen lesen, schreiben, interpretieren und sortieren.
3. **Lesen, Schreiben, Interpretieren und Sortieren von dreistelligen Zahlen.**
   Das Kind kann dreistellige Zahlen lesen, schreiben, interpretieren und sortieren.
4. **Lesen, Schreiben, Interpretieren und Sortieren von Zahlen über 1 000.**
   Das Kind kann Zahlen über 1 000 lesen, schreiben, interpretieren und sortieren.

---

12 In Bezug auf das hier vorgestellte *EMBI-KiGa* ergeben sich kleine Abweichungen bei den Ausprägungsgraden A 3 und A 6 (vgl S. 21). Diese sind im Text entsprechend gekennzeichnet (vgl. 3.4).

5. **Erweitern und Anwenden des Wissens über Stellenwerte.**
   Das Kind kann beim Lösen von Aufgaben das Wissen über Stellenwerte anwenden und erweitern.

C. Strategien bei Addition und Subtraktion

0. **Nicht ersichtlich**, ob das Kind in der Lage ist, zwei Mengen zusammenzufügen und auszuzählen.
1. **Alles zählen (zwei Mengen).**
   Um das Ergebnis der Vereinigung von zwei Mengen zu ermitteln, werden alle gezählt.
2. **Weiterzählen.**
   Um die Gesamtanzahl der Elemente in zwei Mengen zu ermitteln, wird von einer der beiden Zahlen weitergezählt.
3. **Rückwärtszählen / Vorwärtszählen.**
   Das Kind wählt bei einer gegebenen Subtraktionsaufgabe eine angemessene Strategie des Zählens (rückwärts oder vorwärts).
4. **Grundlegende Strategien.**
   Das Kind wählt bei einer gegebenen Additions- oder Subtraktionsaufgabe grundlegende Strategien wie Verdoppeln, Tauschaufgabe bilden, Zehnerzerlegung oder andere Vorgehensweisen.
5. **Abgeleitete Strategien.**
   Das Kind wählt bei einer gegebenen Additions- oder Subtraktionsaufgabe abgeleitete Strategien wie das Fast-Verdoppeln, plus 10 minus 1 („Vor- und Zurücksprung"), bis zum nächsten Zehner ergänzen, Rückgriff auf Umkehraufgaben oder verwandte Aufgaben (Aufgabenfamilie) und intuitive Strategien (z. B. Bezug zu Einmaleinsreihen).
6. **Erweitern und Anwenden grundlegender, abgeleiteter und intuitiver Strategien.**
   Es gelingt die Lösung gegebener Aufgaben (auch mit mehrstelligen Zahlen) im Kopf unter Anwendung geeigneter Strategien und einem klaren Verständnis der Grundaufgaben der Addition.

D. Strategien bei Multiplikation und Division

0. **Nicht ersichtlich**, ob das Kind in der Lage ist, die Gesamtanzahl verschiedener kleiner gleichgroßer Mengen zu erfassen und auszuzählen.
1. **Zählen von Elementen einer Menge als Einer.**
   Das Kind findet die Gesamtanzahl in einer multiplikativen Struktur nur durch Zählen der einzelnen Elemente.
2. **Materialgestützte Lösung von Multiplikations- und Divisionsaufgaben.**
   Die Lösung von Aufgaben zum Vervielfachen und Verteilen gelingt, wenn alle Objekte zur Verfügung stehen.
3. **Abstrakte Lösung von Multiplikations- und Divisionsaufgaben.**
   Das Kind löst Multiplikations- und Divisionsaufgaben, bei denen nicht alle Objekte vorhanden bzw. dargestellt sind.
4. **Grundlegende, abgeleitete und intuitive Strategien für Multiplikation.**
   Das Kind kann Multiplikationsaufgaben unter Anwendung von Strategien wie Tauschaufgabe bilden (Kommutativität), in Schritten zählen oder Aufbauen auf Grundaufgaben des Einmaleins lösen.
5. **Grundlegende, abgeleitete und intuitive Strategien für Division.**
   Das Kind kann Divisionsaufgaben unter Anwendung von Strategien wie Umkehraufgabe bilden (Aufgabenfamilie), fortgesetzte Subtraktion oder Aufbauen auf Grundaufgaben des Einmaleins lösen.

6. **Erweitern und Anwenden von Strategien zur Multiplikation und Division.**
Das Kind kann Multiplikations- und Divisionsaufgaben (auch mit mehrstelligen Zahlen) in angewandten Kontexten lösen.

Größen und Messen

E. Zeit

0. **Nicht ersichtlich**, ob und inwiefern das Kind bereits Einsichten bezüglich zeitbezogener Terminologie und/oder der Charakteristika des Ziffernblattes gewonnen hat.
1. **Zeitbezogene Terminologie kennen.**
Das Kind verwendet passende Terminologie bezogen auf den Größenbereich „Zeit" und kann einen Tagesablauf der Reihenfolge nach beschreiben.
2. **Einheiten zur Zeitmessung benennen.**
Das Kind kennt (einige) Wochentage und Monate.
3. **Konventionelles Messgerät benutzen.**
Das Kind kann ein Datum auf dem Kalender korrekt bestimmen und Uhrzeiten ablesen. Ein Zeitpunkt wird mit Maßzahl und Einheit benannt.
4. **Standardisierte Einheiten kennen und gebrauchen.**
Das Kind zeigt grundlegende Einsichten in den Aufbau einer analogen Uhr bezüglich der verwendeten Intervalle und der Funktion der Uhrzeiger.
5. **Uhrzeiten auf der analogen Uhr lesen und Beziehungen zwischen verschiedenen Uhrdarstellungen herstellen.**
Das Kind kann Uhrzeiten auf analogen und digitalen Ziffernblättern lesen und darstellen.
6. **Zeitdauer und Zeitpunkt berechnen.**
Das Kind kann mit Angabe von Anfangs- und Endzeitpunkt eine Zeitdauer bzw. mit Angabe von Anfangspunkt und Zeitdauer den Endzeitpunkt berechnen.

F. Länge

0. **Nicht ersichtlich**, ob das Kind bereits Einsichten in das Konzept „Länge" entwickelt hat bzw. längenbezogene Terminologie kennt.
1. **Längenattribut kennen und passende Terminologien verwenden.**
Das Kind hat Einblicke in das Attribut der Länge gewonnen und benutzt passende Terminologie.
2. **Längen von Objekten direkt vergleichen.**
Das Kind vergleicht, ordnet und sortiert Objekte der Länge nach und nutzt dazu den direkten Vergleich. Es weiß um die Konstanz von Längen.
3. **Längen von Objekten indirekt vergleichen.**
Mit Hilfe eines dritten Objektes vergleicht, sortiert und misst das Kind Objekte der Länge nach.
4. **Standardisierte Maßeinheiten und konventionelle Messgeräte kennen.**
Das Kind hat grundlegende Einblicke in den Aufbau eines Lineals und seiner Intervalle.
5. **Konventionelles Messgerät benutzen.**
Das Kind verwendet ein Lineal korrekt und benennt das Messergebnis als Maßzahl und Einheit.
6. **Wissen und Erfahrungen in Bezug auf Längen anwenden.**
Das Kind kann unterschiedliche Aufgaben und Probleme bezogen auf den Größenbereich „Länge" lösen und nutzt dazu ein Längenkonzept. Es weiß um die Bedeutung des Nullpunktes beim Messen.

Raum und Form

G. Sich im Raum orientieren (2D- und 3D-Raum)

0. **Nicht ersichtlich**, ob das Kind einfache Lagebezeichnungen kennt.
1. **Lagebeziehungen umsetzen.**
   Das Kind setzt die Lagebeziehungen „oben, unten, links, rechts, vor und hinter" in räumlichen Anordnungen um und stellt damit Positionen von Objekten aus seiner Perspektive dar.
2. **Räumliche Beziehungen erkennen und beschreiben.**
   Das Kind nimmt einen mentalen Perspektivwechsel vor und gibt Bewegungsanweisungen unabhängig von seiner eigenen Person. Es kennt einfache Lagebeziehungen und ordnet einem einfachen Bauwerk die passenden Seitenansichten zu.
3. **Räumliche Orientierung.**
   Das Kind folgt mental einer komplexen Wegbeschreibung und rekonstruiert ein Bauwerk, indem es einen komplexen Bauplan liest.

H. Geometrische Figuren erkennen, benennen und darstellen

0. **Nicht ersichtlich**, ob das Kind in der Lage ist, geometrische Figuren zu unterscheiden.
1. **Geometrische Figuren sortieren.**
   Das Kind erkennt einige einfache Formen und Körper und sortiert diese nach geometrischen Gesichtspunkten, ohne Bezeichnungen oder spezielle Eigenschaften zu benennen.
2. **Geometrische Figuren benennen.**
   Das Kind benennt einige Namen und Eigenschaften zu einzelnen einfachen Formen und Körpern mit Bezug auf bereits vorhandene Formen und Körper (etwa Anzahl der Ecken oder Gestalt der Flächen).
3. **Geometrische Figuren zerlegen und zusammenfügen.**
   Das Kind kennt einfache Formen und wählt aus gegebenen Formenteilen einzelne aus, um damit eine Fläche auszulegen oder zusammenzusetzen.
4. **Passen.**
   Das Kind kennt einfache Formen und Körper, trifft zunächst mental eine Auswahl aus gegebenen Flächenstücken und legt dann damit eine gegebene Fläche aus oder setzt damit eine Fläche zusammen.

J. Einfache geometrische Abbildungen erkennen, benennen und darstellen

0. **Nicht ersichtlich**, ob das Kind einfache geometrische Abbildungen in Handlungen oder Worten darstellen kann.
1. **Abbildung erkennen.**
   Das Kind erkennt und beschreibt eine Drehung als Beziehung zwischen gegebenen Figuren.
2. **Abbildungen darstellen.**
   Das Kind erkennt einfache geometrische Abbildungen und stellt diese an gegebenem Material handelnd dar.
3. **Abbildungen identifizieren und erläutern.**
   Das Kind identifiziert Achsensymmetrie in ebenen symmetrischen Figuren, stellt zu Figuren Spiegelfiguren her und erläutert Abbildungen.
4. **Abbildungen und Symmetrieachsen begründen.**
   Das Kind kennt einfache geometrische Abbildungen, identifiziert alle möglichen Symmetrieachsen und begründet gegebenenfalls das Nichtvorhandensein von Symmetrieachsen in ebenen Figuren.

5. **Abbildungen visualisieren (mentale Aktivität).**
   Das Kind ist sicher im Umgang mit geometrischen Abbildungen, stellt sich Drehungen, Verschiebungen und Spiegelungen von Formen vor und bewegt ebene Formen mental.

K. Flächen- und Rauminhalte vergleichen und messen

0. **Nicht ersichtlich**, ob das Kind in der Lage ist, geometrische Formen und Körper direkt oder indirekt zu vergleichen.
1. **Vergleichen.**
   Das Kind ordnet mindestens zwei geometrischen Formen die passenden Hälften zu, sortiert Flächen nach ihrem Flächeninhalt, ermittelt dies durch Anlegen, Umlegen oder Aufeinanderlegen und verwendet dabei die Begriffe „größer" und „kleiner" passend.
2. **Messen mit gegebener Vergleichsgröße.**
   Das Kind bestimmt den Flächeninhalt von Flächen im indirekten Vergleich durch Verwenden einer gegebenen Vergleichsgröße.
3. **Messen mit eigener Vergleichsgröße.**
   Das Kind bestimmt den Umfang und den Flächeninhalt von Flächen durch indirekten Vergleich, indem es eine eigene Vergleichsgröße wählt und richtig verwendet.
4. **Übertragen und Anwenden.**
   Das Kind besitzt eine hohe Vorstellungskraft, verbunden mit Kenntnissen über Eigenschaften von Formen und Körpern und nutzt diese zum Messen und Vergleichen komplexer Formen und Körper.

Geometrische Muster und Strukturen

L. Gesetzmäßigkeiten erkennen, benennen und darstellen

0. **Nicht ersichtlich**, ob das Kind in der Lage ist, geometrische Muster zu erkennen.
1. **Muster fort- und zusammensetzen.**
   Das Kind erkennt den Aufbau eines „einfachen" Musters und setzt es passend fort.
2. **Muster überprüfen.**
   Das Kind erkennt die Regelmäßigkeit im Aufbau eines flächigen Musters und identifiziert Unregelmäßigkeiten.
3. **Fortsetzen und Verorten.**
   Das Kind erkennt die Regelmäßigkeit im Aufbau eines flächigen Musters, identifiziert Ausschnitte aus dem Muster und erkennt Teile, die nicht in das Muster passen.

9. Literaturverzeichnis

Aunola, K., Leskinen, E., Lerkkanen, M.-K. & Nurmi, J.-E. (2004). Developmental dynamics of mathematical performance from preschool to grade 2. *Journal of Educational Psychology 96*, 762 – 770.

Brainerd, C. J. (1979). *The origins of number concept.* New York: Praeger.

Bruner, J. (1972). *Der Prozess der Erziehung.* Berlin: Berlin-Verlag.

Caluori, F. (2004). Die numerische Kompetenz von Vorschulkindern – Theoretische Modelle und empirische Befunde. Hamburg: Kovač.

Clements, D. (1984). Training effects on the development and generalization of Piagetian logical operations and knowledge of number. *Journal of Educational Psychology 76*, 766 – 776.

Clements, D. H. & Sarama, J. (2007). Early childhood mathematics learning. In: F. K. Lester (Ed.), *Second handbook of research on mathematics teaching and learning* (pp. 461 – 555). Charlotte, NC: Information Age Publishing.

Copeland, R. (1974). *How children learn mathematics.* New York: Macmillan.

Dehaene, S. (1999). *Der Zahlensinn oder warum wir rechnen können.* Basel: Birkhäuser.

Faust-Siehl, G. (2001). Konzept und Qualität im Kindergarten. In: G. Faust-Siehl & A. Speck-Hamdan (Hrsg.), *Schulanfang ohne Umwege* (S. 53 – 79). Frankfurt/Main: Arbeitskreis Grundschule.

Fischer, F. (1990). A part-part-whole curriculum for teaching number in the kindergarten. *Journal for Research in Mathematics Education 21*, 207 – 215.

Fuson, K. C & Hall, J. W. (1983). The acquisition of early number word meanings: A conceptual analysis and review. In: H. Ginsburg (Ed.), *The development of mathematical thinking* (pp. 49 – 107). New York: Academic Press.

Fuson, K. C. (1988). *Children's concepts of number.* New York: Springer.

Gelman, G. & Gallistel, C. R. (1978). *The child's understanding of number.* Cambridge, MA: Harvard University Press.

Ginsburg, H. (2002). Little children, big mathematics: Learning and teaching in the pre-school. In: A. Cockburn (Ed.), *Proceedings of PME 26* (Vol. 1, pp. 3 – 14). Norwich, UK: PME.

Greenes, C. (1999). Ready to learn. In: J. Copley (Ed.), *Mathematics in the early years* (pp. 39 – 47). Reston, VA: National Council of Teachers of Mathematics.

Grüßing, M. & Peter-Koop, A. (2007). Mathematische Frühförderung – Inhalte, Aktivitäten und diagnostische Beobachtungen. In: C. Brokmann-Nooren, I. Gereke, H. Kiper & W. Renneberg (Hrsg.), *Bildung und Lernen der Drei- bis Achtjährigen* (S. 168 – 184). Bad Heilbrunn: Klinkhardt.

Grüßing, M., May, M. & Peter-Koop, A. (2007). Mathematische Frühförderung im Übergang vom Kindergarten zur Grundschule: Von diagnostischen Befunden zu Förderkonzepten. *Sache Wort Zahl 35* (1), 50 – 55.

Grüßing, M. & Schmitman gen. Pothmann, A. (2007). „Ohne Zahlen keine Welt und ohne Wörter guckt man sich nur an." Erkenntnisse aus dem Elementarmathematischen Basisinterview bei Kindern mit Migrationshintergrund. *Grundschulunterricht* (7 – 8), 28 – 32.

Grüßing, M. & Peter-Koop, A. (2008). Effekte vorschulischer mathematischer Förderung am Ende des ersten Schuljahres: Erste Befunde einer Längsschnittstudie. *Zeitschrift für Grundschulforschung 1*(1), 65 – 82.

Hasemann, K. (2009). *Anfangsunterricht Mathematik.* München: Elsevier.

Hönisch, N. & Niggemeyer, E. (2004). *Mathe-Kings. Junge Kinder fassen Mathematik an.* Weimar: Verlag das Netz.

Krajewski, K. (2003). *Vorhersage von Rechenschwäche in der Grundschule.* Hamburg: Kovač.

Krajewski, K. (2005). Vorschulische Mengenbewusstheit von Zahlen und ihre Bedeutung für die

Früherkennung von Rechenschwäche. In: M. Hasselhorn, H. Marx & W. Schneider (Hrsg.), *Diagnostik von Mathematikleistungen* (S. 49 – 70). Göttingen: Hogrefe.

Krajewski, K. (2008). Vorschulische Förderung mathematischer Kompetenzen. In: F. Petermann & W. Schneider (Hrsg.), *Angewandte Entwicklungspsychologie* (S. 275 – 304). Göttingen: Hogrefe.

Krajewski, K., Küspert, P. & Scheider, W. (2002). DEMAT 1+. *Deutscher Mathematiktest für erste Klassen.* Göttingen: Hogrefe.

Krajewski, K., Liehm, S. & Schneider, W. (2004). DEMAT 2+. *Deutscher Mathematiktest für zweite Klassen.* Göttingen: Hogrefe.

Krajewski, K., Grüßing, M. & Peter-Koop, A. (2009). Die Entwicklung mathematischer Kompetenzen bis zur Grundschulzeit. In: A. Heinze & M. Grüßing (Hrsg.), *Mathematiklernen vom Kindergarten bis zum Studium* (S. 17 – 34). Münster: Waxmann.

Moser Opitz, E. (2007). *Rechenschwäche / Dyskalkulie.* Bern. Haupt.

Peter-Koop, A. & Grüßing, M. (2007a). Bedeutung und Erwerb mathematischer Vorläuferfähigkeiten. In: C. Brookmann-Nooren, I. Gereke, H. Kiper & W. Renneberg (Hrsg.), *Bildung und Lernen der Drei- bis Achtjährigen* (S. 153 – 166). Bad Heilbrunn: Klinkhardt.

Peter-Koop, A. & Grüßing, M. (2007b). *Mit Kindern Mathematik erleben. Ein mathematisches Bilderbuch für Kinder von 3 – 6.* Seelze: Friedrich.

Peter-Koop, A., Wollring, B., Spindeler, B. & Grüßing, M. (2007). *Elementarmathematisches Basisinterview. Zahlen und Operationen.* Offenburg: Mildenberger.

Peter-Koop, A., Grüßing, M. & Schmitman gen. Pothmann, A. (2008). Förderung mathematischer Vorläuferfähigkeiten: Befunde zur vorschulischen Identifizierung und Förderung von potenziellen Risikokindern in Bezug auf das schulische Mathematiklernen. *Empirische Pädagogik 22*(2), 208 – 223.

Piaget, J. (1952). *Die Entwicklung des Zahlbegriffs beim Kinde.* Stuttgart: Klett.

Piaget, J. & Inhelder, B. (1975). *Die Entwicklung der physikalischen Mengenbegriffe beim Kinde.* Stuttgart: Klett.

Railo, H., Koivisto, M., Revonsuo, A. & Hannula, M. (2008). The role of attention in subitizing. *Cognition 107*, 82 – 104.

Resnick, L. B. (1989). Developing mathematical knowledge. *American Psychologist 44*, 162 – 169.

Stern, E. (1998). *Die Entwicklung mathematischen Verständnisses im Kindesalter.* Lengerich: Pabst.

van Luit, J., van de Rijt, B. & Hasemann, K. (2001). *Osnabrücker Test zur Zahlbegriffsentwicklung.* Göttingen: Hogrefe.

Williams, E. & Shuard, H. (1982). *Primary mathematics today.* Essex: Longman.

Wollring, B., Peter-Koop, A., Becker, N., Haberzettl, N. & Spindeler, B. (2011). *Elementarmathematisches Basisinterview. Größen und Messen, Raum und Form.* Offenburg: Mildenberger.

10. Instrumente und Materialübersicht

10.1 Interviewleitfaden

Hinweis: Beginnen Sie das Interview mit dem Teil V (Vorläuferfähigkeiten) und setzen Sie es mit Teil A (Zählen) fort. Bitte lesen Sie vor der ersten Durchführung des Interviews in jedem Fall die Kapitel 3 – 5 in diesem Handbuch!

Teil V: Vorläuferfähigkeiten

V1 Umgang mit Mengen

Aufg.	Material	Interviewer-Handlung	Interviewer-Text
V1a	je 4 gelbe, grüne, rote und 6 blaue Bären (bitte aus der Bärenbox mit den 50 Bären entnehmen)	Stellen Sie die 18 Bären unsortiert vor das Kind.	Bitte leg die gelben Bären zusammen.
V1b	wie vorher		Wie viele gelbe Bären sind es?
V1c	wie vorher		Nimm 3 grüne Bären und stell sie neben die 4 gelben Bären. Sind es mehr grüne oder mehr gelbe Bären? Schieb die gelben und grünen Bären zur Seite.
V1d	wie vorher	Achtung: Hat das Kind sie bereits anfangs in eine Reihe gelegt, bitten Sie das Kind:	Bitte nimm dir fünf blaue Bären. Stell sie nun in eine Reihe. Schieb sie alle zusammen.
V1e	wie vorher		Wie viele blaue Bären sind es?

V2 Umgang mit Mengen

Aufg.	Material	Interviewer-Handlung	Interviewer-Text
V2a	wie vorher		Nimm dir bitte einen gelben Bär*. Stell einen blauen Bär daneben. Stell jetzt einen grünen Bär hinter den blauen Bär. Stell nun den grünen Bär vor den blauen Bär.

* Grammatikalisch korrekt müsste es hier Bär*en* heißen. Um gerade jüngere Kinder nicht zu verunsichern (sie könnten die Endung *en* als Plural deuten), schlagen wir die Formulierung *Bär* vor. Synonym können Sie auch durchgängig den Begriff *Teddy* verwenden.

V3 Umgang mit Mustern

Aufg.	Material	Interviewer-Handlung	Interviewer-Text
V3a	Bärenbox mit den 50 Bären	Legen Sie ein Muster mit den Bären (grün, gelb, blau, blau, grün, gelb, blau, blau) vor das Kind. Zeigen Sie auf je einen Bären. Stellen Sie sicher, dass das Kind die Farben erkennt und benennen kann.	Schau zu, was ich jetzt mit den Bären mache! Ich habe ein Muster mit den Bären gelegt. Nenn mir bitte die Farbe, auf die ich zeige.
V3b	wie vorher	Geben Sie dem Kind die restlichen Bären.	Stell bitte das gleiche Muster davor.
V3c	wie vorher	Hat das Kind das Muster richtig nachgelegt, zeigen Sie auf das Muster des Kindes. Ist es falsch, zeigen Sie auf Ihr Muster.	Bau das Muster hier hinten weiter.
V3d			Woher weißt du, wie du das Muster weiterbauen musst?

V4 Ordinalzahlen

Aufg.	Material	Interviewer-Handlung	Interviewer-Text
V4	wie vorher	Zeigen Sie auf den grünen Bären, der an erster Stelle steht.	Der grüne Bär ist der erste in meinem Muster. Zeig auf den Dritten. Welche Farbe hat der dritte Bär? Zeig auf den Fünften. Welche Farbe hat der fünfte Bär?

V5 Simultanes Erfassen

Aufg.	Material	Interviewer-Handlung	Interviewer-Text
V5	5 blaue Punktekarten, 1 unbeschriebene blaue Karte	Zeigen Sie jede blaue Karte nur für etwa 2 Sekunden in der folgenden Reihenfolge und Lage.	Ich zeige dir jetzt ein paar Karten. Ich zeige dir jede Karte nur kurz und du sagst mir, wie viele Punkte du siehst.

V6 Zahl-Mengen-Zuordnung

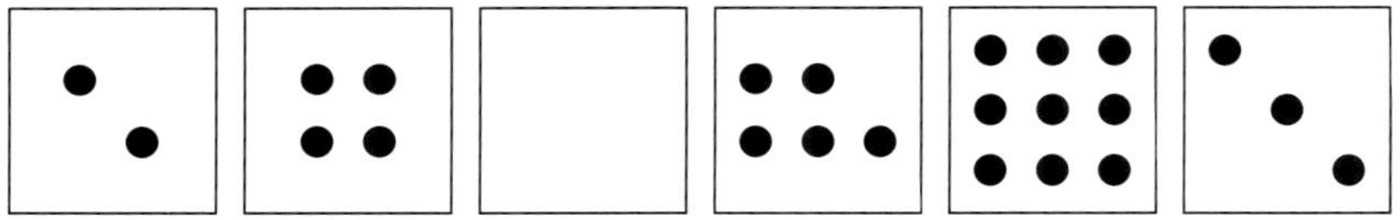

Aufg.	Material	Interviewer-Handlung	Interviewer-Text
V6	5 blaue Punktekarten, 1 unbeschriebene Karte, blaue Zahlenkarten (0 – 9)	Legen Sie alle Karten so hin, wie es oben gezeigt wird. Legen Sie die blauen Karten mit den Ziffern 0 – 9 gut sichtbar und unsortiert zwischen dem Kind und den Punktekarten aus. Ist das Kind verwirrt, dass mehr Zahlenkarten als Punktekarten daliegen, erklären Sie ihm:	Leg zu jeder Punktekarte die richtige Zahl. Du musst nicht alle Zahlenkarten benutzen.

V7 Anordnung der Zahlsymbole

Aufg.	Material	Interviewer-Handlung	Interviewer-Text
V7a	blaue Zahlenkarten mit 1 – 9		Ordne die Zahlenkarten in einer neuen Reihe. Die neue Reihe soll mit der kleinsten Zahl anfangen und mit der größten Zahl aufhören.
V7b	blaue Zahlenkarte mit 0	Ist das Kind erfolgreich, geben Sie ihm die Karte mit der Null.	Wohin gehört die?

V8 Teil-Ganzes-Beziehungen

Aufg.	Material	Interviewer-Handlung	Interviewer-Text
V8		Falls gelungen:	Zeig mir bitte 6 Finger. Kannst du mir 6 Finger auch noch anders zeigen? Geht das auch noch anders?

V 9 Nachfolger / Vorgänger

Aufg.	Material	Interviewer-Handlung	Interviewer-Text
V 9a			Welche Zahl kommt nach 4? (nur bei korrekter Antwort weiterfragen:) … nach 10? … nach 15?
V 9b			Welche Zahl kommt vor 3? (nur bei korrekter Antwort weiterfragen:) … vor 12? … vor 20?

V 10 Eins-zu-Eins-Zuordnung

Aufg.	Material	Interviewer-Handlung	Interviewer-Text
V 10	5 Holzklötze, 9 rote Bären	Stellen Sie fünf Holzklötze in einer Reihe auf. Geben Sie dem Kind die 9 Bären.	Leg zu jedem Holzklotz einen Bären.

V 11 Seriation

Aufg.	Material	Interviewer-Handlung	Interviewer-Text
V 11a	3 Bleistifte aus Pappe (20 cm, 5 cm, 10 cm)	Legen Sie drei Papp-Bleistifte auf den Tisch (in folgender Reihenfolge: 20 cm, 5 cm, 10 cm von links nach rechts). 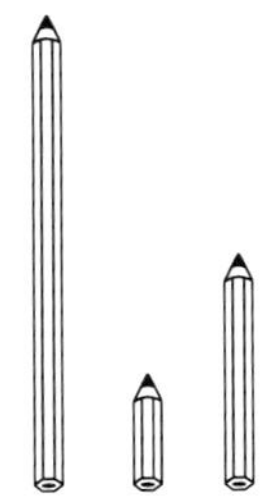	Dies hier sind Bleistifte. Leg die 3 Stifte in eine Reihe und ordne sie dabei vom kleinsten zum größten Stift. Zeig mir bitte den größten Bleistift. Zeig mir bitte den kleinsten Bleistift.
V 11b	4 Bleistifte aus Pappe (20 cm, 5 cm, 10 cm, 15 cm)	Wenn Aufgabenteil 11a korrekt gelöst wurde, fügen Sie noch den 15 cm langen Papp-Bleistift hinzu. Diesmal in folgender Reihenfolge: 10 cm, 20 cm, 5 cm, 15 cm von links nach rechts. 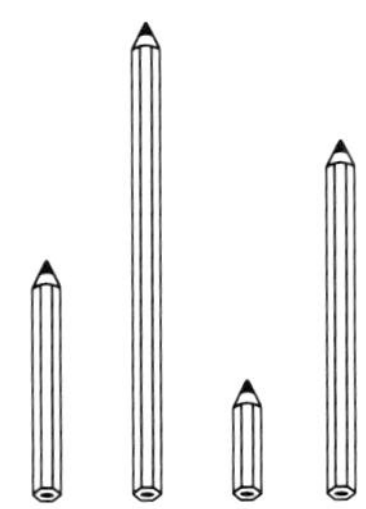	Leg jetzt diese 4 Bleistifte in eine neue Reihe und ordne sie wieder vom kleinsten zum größten Stift. Zeig mir bitte den größten Bleistift. Zeig mir bitte den kleinsten Bleistift.

Teil A: Zählen

A 1 Wie viele Bären?

Aufg.	Material	Interviewer-Handlung	Interviewer-Text	Abbruchkriterien
A 1	Box mit 50 Bären (je 12 gelbe, grüne, blaue und 14 rote) Bärenschachtel	Zeigen Sie dem Kind den Behälter mit den Bären und stellen ihn zusammen mit der leeren Bärenschachtel vor das Kind. Achten Sie darauf, dass mind. 20 Bären in der Bärenschachtel sind.	Nimm bitte eine große Handvoll Bären. … (ggf.): Leg noch ein paar Bären dazu, bis der Bärenschachtel voll ist. Was meinst du, wie viele Bären sind in dem Becher? Was schätzt du? Zähl mal bitte nach, ob das stimmt.	nicht erfolgreich, dann Abbruch

A 2 Vorwärts- und Rückwärtszählen

Aufg.	Material	Interviewer-Handlung	Interviewer-Text	Abbruchkriterien
A 2a		Unterbrechen Sie das Kind nach 32. Stoppt das Kind bei 10 oder 20, ermuntern Sie es ggf. noch weiterzuzählen.	Bitte zähle ohne die Bären. Fang bei 1 an zu zählen. Ich sage dir, bis wohin. (32)	nicht erfolgreich, dann A 2g
A 2b			Fang bei 6 an zu zählen. Ich sage dir, bis wohin. (14)	nicht erfolgreich, dann A 2g
A 2c			Fang bei 16 an zu zählen. Ich sage dir, bis wohin. (21)	nicht erfolgreich, dann A 2g
A 2d			Fang bei 53 an zu zählen. Ich sage dir, bis wohin. (62)	nicht erfolgreich, dann A 2f
A 2e			Fang bei 84 an zu zählen. Ich sage dir, bis wohin. (113)	
A 2f		Zögert das Kind, sagen Sie:	Zähle von 24 rückwärts. Ich sage dir, bis wohin. (15) 24, 23 …	nicht erfolgreich, dann A 3
A 2g		Zögert das Kind, sagen Sie:	Zähle von 10 rückwärts. Ich sage dir, bis wohin. (0) 10, 9 …	nicht erfolgreich, dann Abbruch

A 3 Vorgänger/Nachfolger

Aufg.	Material	Interviewer-Handlung	Interviewer-Text	Abbruchkriterien
A 3a			Wenn du vorwärts zählst, welche Zahl kommt *nach* 14? Welche Zahl kommt *vor* 14?	nicht erfolgreich, dann A 4
A 3b			Wenn du vorwärts zählst, welche Zahl kommt *nach* 56? Welche Zahl kommt *vor* 56?	

A 4 Von 0 aus in 2er-, 10er- und 5er-Schritten zählen

Aufg.	Material	Interviewer-Handlung	Interviewer-Text	Abbruchkriterien
A 4		Wenn das Kind den Ausdruck „Schritte" nicht kennt, dann erklären Sie: Unterbrechen Sie das Kind nach 30 (55, 110)	Zähl von 0 aus in 2er-Schritten (10er-, 5er-Schritten), so weit du kannst. Immer 2 bzw. 10 bzw. 5 dazu.	nicht erfolgreich, dann Abbruch

A 5 Von x > 0 aus in 10er- und 5er-Schritten zählen

Aufg.	Material	Interviewer-Handlung	Interviewer-Text	Abbruchkriterien
A 5		Unterbrechen Sie das Kind nach 103. Unterbrechen Sie das Kind nach 44.	Beginne von 23 aus in 10er-Schritten zu zählen. Beginne von 24 aus in 5er-Schritten zu zählen.	nicht erfolgreich, dann Abbruch nicht erfolgreich, dann Abbruch

A 6 Von x > 0 aus in 3er- und 7er-Schritten zählen

Aufg.	Material	Interviewer-Handlung	Interviewer-Text	Abbruchkriterien
A 5		Unterbrechen Sie das Kind nach 35. Unterbrechen Sie das Kind nach 55.	Beginne von 11 aus in 3er-Schritten zu zählen. Beginne von 20 aus in 7er-Schritten zu zählen.	nicht erfolgreich, dann Abbruch nicht erfolgreich, dann Abbruch

10.2 Materialübersicht

Teil V: Vorläuferfähigkeiten

- Box mit 50 Plastikbären in vier verschiedenen Farben
- 5 blaue Punktekarten und eine leere Karte
- 10 blaue Zahlenkarten (Ziffern 0–9)
- 5 Holzklötze
- 4 Bleistifte aus Pappe (20 cm, 15 cm, 10 cm, 5 cm lang)

Teil A: Zählen

- Box mit 50 Plastikbären in vier verschiedenen Farben
- eine „Bärenschachtel"

Name: ____________________ Datum: ____________ KV

10.3 Interviewprotokoll

Teil V

V 1 Umgang mit Mengen

a) sortiert nach einer Eigenschaft (Farbe) ❑
b) zählt eine Menge von 4 Gegenständen ❑
c) erkennt von 2 Mengen die größere ❑
d) kann eine Reihe mit der Kardinalzahl 5 legen ❑
e) Anzahl: __________ (5)
zählt neu ❑
erkennt Mengenkonstanz ❑

V 2 Raum-Lage-Bezeichnungen

❑ daneben ❑ hinter vor ❑

V 3 Umgang mit Mustern

a) Farben benennen ❑
b) Muster nachlegen ❑
c) Muster fortsetzen ❑
d) Muster erklären ❑

V 4 Ordinalzahlen

❑ dritter Bär ❑ fünfter Bär

V 5 Simultanes Erfassen

Erkennen von Mengen, ohne zu zählen

2 _____ ❑ 4 _____ ❑ 0 _____ ❑
5 _____ ❑ 3 _____ ❑ 9 _____ ❑

V 6 Zahl-Mengen-Zuordnung

ordnet den Mengen Zahlen zu

2 _____ ❑ 4 _____ ❑ 0 _____ ❑
5 _____ ❑ 3 _____ ❑ 9 _____ ❑

V 7 Anordnung der Zahlsymbole

a) ordnet Zahlenkarten von 1 – 9 ❑

b) kann die Null richtig einordnen ❑

V 8 Teil-Ganzes-Beziehungen

zeigt 6 Finger ❑ (_ + _)
… auf eine andere Weise ❑ (_ + _)
… auf eine weitere Weise ❑ (_ + _)

V 9 Nachfolger/Vorgänger

a) benennt Nachfolger von …
4 ❑ _____ 10 ❑ _____ 15 ❑ _____
b) benennt Vorgänger von …
3 ❑ _____ 12 ❑ _____ 20 ❑ _____

Hinweis: Das leise, verinnerlichte Zählen zur Bestimmung von Nachfolger und Vorgänger ist hier eine erwartbare und vernünftige Strategie. Die Zahlen müssen nicht auswendig gewusst werden.

V 10 Eins-zu-eins-Zuordnung

Eins-zu-eins-Zuordnung von Bären und Holzwürfeln gelingt ❑

V 11 Seriation

a) ordnet 3 Bleistifte vom kleinsten zum größten Stift ❑

b) ordnet 4 Bleistifte vom kleinsten zum größten Stift ❑

Teil A

A 1 Wie viele Bären?

geschätzte Anzahl: _____
tatsächliche Anzahl: _____
Zählen: letzte richtige Zahl _____

A 2 Vorwärts-/Rückwärtszählen

a) 1 → 32 _____ (letzte richtige Zahl)
b) 6 → 14 _____
c) 16 → 21 _____
d) 53 → 62 _____
e) 84 → 113 _____
f) 24 → 15 _____
g) 10 → 0 _____

A 3 Vorgänger / Nachfolger

a) nach 14 _____
vor 14 _____
b) nach 56 _____
vor 56 _____

A 4 Von 0 in 2er-, 10er- und 5er-Schritten zählen

in 2er-Schritten _____ (30)
in 10er-Schritten _____ (110)
in 5er-Schritten _____ (55)

A 5 Von x > 0 in 10er- und 5er-Schritten zählen

von 23 in 10er-Schritten _____ (103)
von 24 in 5er-Schritten _____ (44)

A 6 Von > 0 in 3er- und 7er-Schritten zählen …

von 11 in 3er-Schritten _____ (35)
von 20 in 7er-Schritten _____ (55)

Name: ______________________ Datum: ____________ KV

10.4.1 Einzelauswertung

Vorläuferfähigkeiten (Teil V)

- ❏ 1. Umgang mit Mengen
- ❏ 2. Raum-Lage-Beziehungen
- ❏ 3. Umgang mit Mustern
- ❏ 4. Ordinalzahlen
- ❏ 5. Simultanes Erfassen
- ❏ 6. Zahl-Mengen-Zuordnung
- ❏ 7. Anordnung der Zahlsymbole
- ❏ 8. Teil-Ganzes-Beziehungen
- ❏ 9. Nachfolger / Vorgänger
- ❏ 10. Eins-zu-eins-Zuordnung
- ❏ 11. Seriation

Zählen (Teil A): Aufgabenauswertung

- ❏ **Ausprägungsgrad 0:** in A1 keine Antwort und in A2a $x < 20$
- ❏ **Ausprägungsgrad 1:** in A1 keine Antwort und in A2a $x \geq 20$
- ❏ **Ausprägungsgrad 2:** in A1 richtig gezählt (die Schätzung ist hier unerheblich, sie dient nur der Motivation zum Nachzählen)
- ❏ **Ausprägungsgrad 3a:** A2 (a, b, c und e) und A3a
- ❏ **Ausprägungsgrad 3b:** A2 (hier reicht es, wenn bei A2c bis 100 gezählt wurde) und A3
- ❏ **Ausprägungsgrad 4:** A4
- ❏ **Ausprägungsgrad 5:** A5
- ❏ **Ausprägungsgrad 6:** A6

Zählen (Teil A): Ausprägungsgrade

- ❏ 0. **Nicht ersichtlich**, ob das Kind in der Lage ist, die Zahlwörter bis 20 zu benennen.
- ❏ 1. **Mechanisches Zählen.** Das Kind zählt mechanisch bis mindestens 20, ist aber noch nicht in der Lage, eine Menge mit 20 Objekten zuverlässig abzuzählen.
- ❏ 2. **Zählen von Mengen.** Das Kind zählt sicher Mengen mit ca. 20 Elementen.
- ❏ 3a. **Vorwärts- und Rückwärtszählen in Einerschritten im Zahlenraum bis 20.** Das Kind kann im Zahlenraum bis 20 in Einerschritten von verschiedenen Startzahlen aus zählen und Vorgänger und Nachfolger einer gegebenen Zahl benennen.
- ❏ 3b. **Vorwärts- und Rückwärtszählen in Einerschritten im Zahlenraum bis 100.** Das Kind kann im Zahlenraum bis 100 in Einerschritten von verschiedenen Startzahlen aus zählen und Vorgänger und Nachfolger einer gegebenen Zahl benennen.
- ❏ 4. **Zählen von 0 aus in 2er-, 5er- und 10er-Schritten.** Das Kind kann von 0 aus in 2er-, 5er- und 10er-Schritten bis zu einer gegebenen Zielzahl zählen.
- ❏ 5. **Zählen von Startzahlen mit $x > 0$ aus in 2er-, 5er- und 10er-Schritten.** Das Kind kann von einer Startzahl ($x > 0$) in 2er-, 5er- und 10er-Schritten bis zu einer gegebenen Zielzahl zählen.
- ❏ 6. **Erweiterte Zählfertigkeiten.** Das Kind kann von einer Startzahl ($x > 0$) in beliebigen einstelligen Schritten zählen.

Gruppe: ______________________ Datum: ______________ KV

10.4.2 Gruppenübersicht

Name des Kindes	weitere Angaben (z. B. zum Alter, Sprachstand)	**Umgang mit Mengen:** Sortieren nach Farbe	Anzahl gelbe Bären	Anzahlen vergleichen	5 blaue Bären abzählen	Mengeninvarianz	**Raum-Lage-Bezeichnungen**	**Umgang mit Mustern:** Farbe nennen	Muster nachlegen	Muster fortsetzen	Muster erklären	**Ordinalzahlen**	**Simultanes Erfassen**	**Zahl-Mengen-Zuordnung**	**Anordnung** Zahlsymbole: 1 – 9	0 – 9	**Teil-Ganzes-Beziehungen**	**Nachfolger**	**Vorgänger**	**Eins-zu-eins-Zuordnung**	**Seriation:** 3 Stifte	4 Stifte	**Erreichter Ausprägungsgrad im Teil A: Zählen**
		1a	1b	1c	1d	1e	2	3a	3b	3c	3d	4	5	6	7a	7b	8	9a	9b	10	11a	11b	

Richtig gelöste Aufgaben bitte mit „✓“, teilweise gelöste mit „o“, falsch gelöste mit „f“ und nicht beantwortete mit „–“ kennzeichnen. Alternativ können die Kästchen zur besseren Übersicht auch farbig ausgefüllt werden (z. B. grün: richtig, gelb: teilweise richtig, rot: falsch).